前言

高职高专会计教学是一种能力培养而非专业教育。会计实训工作占有举足轻重的地位。在教学过程中我们发现在毕业前的综合模拟实训时，学生不会填写最基本的凭证、账簿，会计专业学生尚且如此，非会计专业学生更面临同样的问题。一批在教学一线从事会计理论教学和会计模拟实验教学的拥有丰富经验的优秀教师，深入企业，与工作在企业会计岗位的会计人员一起，汲取借鉴其他版本实验教材的成功经验，本着“广吸收、不套用、有创新”的态度，结合高职高专职业教育的特点，以岗位需求为基本出发点，合作编写了这本教材。

伴随着新的企业会计准则的颁布、会计手段的不断变革，企业的业务也会随之发生较大的变化，本书意在夯实学生的基础技能，使得学生的操作技能更扎实，让学生更好地理解会计的核算方法，为今后专业课程的学习奠定坚实的理论和实践基础。

本书的基本特色如下。

一是实用性，本书从原始凭证的填制审核、记账凭证的填制审核到报表的编制，和实际工作密切结合，突出了实用性。

二是系统性，本书系统地进行会计核算方法的训练，把会计核算的七种方法有机地结合起来指导学生进行实务操作。

三是具有一定的超前性，本书以最新的会计准则为指导，指导学生进行实务操作。

由于编者水平有限，书中难免有错误之处，敬请读者批评指正。

编　者

2011 年 1 月　于南宁

21世纪高职高专财经类规划教材
21SHIJI GAOZHIGAOZHUAN CAIJINGLEI GUIHUA JIAOCAI

会计基础实训教程

Accounting Foundation Practice Tutorial

李国富 熊小庆 陆旭冉 ◎ 主编
李林秋 何一冬 万俊敏 廖萍 杨勇军 陆进任 ◎ 副主编

人民邮电出版社
北京

21SHIJI GAOZHIGAOZHUAN CAIJINGLEI GUIHUA JIAOCAI

图书在版编目（CIP）数据

会计基础实训教程 / 李国富，熊小庆，陆旭冉主编
. -- 北京 : 人民邮电出版社，2011.3（2016.1 重印）
21世纪高职高专财经类规划教材
ISBN 978-7-115-24891-6

Ⅰ. ①会… Ⅱ. ①李… ②熊… ③陆… Ⅲ. ①会计学
—高等学校：技术学校—教材 Ⅳ. ①F230

中国版本图书馆CIP数据核字(2011)第021180号

内容提要

本书由教学一线从事会计理论教学和会计模拟实验教学、经验丰富的优秀教师和企业会计人员结合高职高专职业教育的特点，以岗位需求为基本出发点共同编写。本书的主要内容包括基础书写、原始凭证的填制与审核、记账凭证的填制与审核、记账式凭证的整理与装订、科目汇总表的编制、日记账的设置与登记、明细账的设置与登记、总分类账的设置与登记、错账更正、对账、结账、资产负债表的编制和利润表的编制。

本书兼具实用性、系统性、超前性，适合作为高职高专会计专业及相关专业的教材，也可供有关财务人员参考。

21 世纪高职高专财经类规划教材

会计基础实训教程

◆ 主　　编　李国富　熊小庆　陆旭冉
副 主 编　李林秋　何一冬　万俊敏　廖 萍　杨勇军　陆进任
责任编辑　贾　楠

◆ 人民邮电出版社出版发行　　北京市丰台区成寿寺路 11 号
邮编　100164　　电子邮件　315@ptpress.com.cn
网址　http://www.ptpress.com.cn
固安县铭成印刷有限公司印刷

◆ 开本：700×1000　1/16
印张：11.25　　2011 年 3 月第 1 版
字数：251 千字　　2016 年 1 月河北第 5 次印刷

ISBN 978-7-115-24891-6

定价：22.80 元

读者服务热线：(010)81055256　印装质量热线：(010)81055316
反盗版热线：(010)81055315

目录

实训 1　基础书写……1
实训 2　原始凭证的填制与审核……3
实训 3　记账凭证的填制与审核……17
实训 4　记账凭证的整理与装订……77
实训 5　科目汇总表的编制……78
实训 6　日记账的设置与登记……85
实训 7　明细账的设置与登记……95
实训 8　总分类账的设置与登记……133
实训 9　错账更正……143
实训 10　对账……145
实训 11　结账……149
实训 12　资产负债表的编制……150
实训 13　利润表的编制……153
附录 A　实训测试……157
附录 B　实训测试答案……162
附录 C　新旧会计科目对照表……165

实训 1 基础书写

一、实训目的

掌握会计的书写技能。

二、实训内容

根据给定的会计数字书写小写金额和大写金额。

三、实训准备

蓝（黑）会计专用笔、会计数字练习用纸或账页。

四、实训步骤与方法

1. 熟悉会计数字书写的基本要求和书写规范。

书写会计数字时，必须使用钢笔或碳素笔，用蓝黑墨水或碳素墨水（不得混用）；更正使用红色墨水，需要复写的原始凭证和会计报表，可使用圆珠笔；禁止使用铅笔。

会计数字分为阿拉伯数字和中文数字两种。

在书写阿拉伯数字时，其数字应当紧靠底线，占格距的二分之一，倾斜 60°～70°，数字之间不许连写。

在凭证、账簿、报表中，凡是未标明金额位数栏目的，书写时应以元为单元，角与分之间点小数点，并从元开始向左，每隔 3 位数使用一个分节号，如 985,736.54。

填制会计凭证时，在阿拉伯数字前，必须标明人民币符号“¥”。具体要求是“¥”与数字之间不能留有空档。另外，凡标有“¥”的，数字后不再写“元”。

中文数字的书写必须使用正楷或行书字体，如壹、贰、叁、肆、伍、陆、柒、捌、玖、拾、佰、仟、万、亿、元、角、分、零、整等，不得使用一、二、三、四、五、六、七、八、九、十、零（或 0）等字代替。

中文数字表示金额时，若尾数为“元”或“角”，应在“元”或“角”后写“整（正）”字，尾数为分，则不加“整（正）”字。

大写金额数字前未印有货币名称的应加填“人民币”等货币名称，货币名称与金额数字之间不留空档。中文数字中的“零”与阿拉伯数字中的“0”相同，但各自在表示数量时，其书写方法不同。在阿拉伯数字中，凡有“0”必写，而中文数字则不同。阿拉伯数字中连续有几个“0”时，中文数字大写金额只写一个“零”字，如￥3,008.64，大写金额应写作“人民币叁仟零捌元陆角肆分”；若阿拉伯数字中间位为“0”，或数字中连续有几个“0”，元位也是“0”但角位不是“0”时，中文大写金额只写一个“零”字，也可不写，如￥1, 000.78，大写金额应写成“人民币壹仟元零柒角捌分”或“人民币壹仟元柒角捌分”。

2. 按照标准书写方法，学生独立完成会计数字大小写金额的书写，直至书写流畅、教师认可。

3. 教师点评。

知识点

1. 有圆笔的数字，如6、8、9、0等，圆那一笔必须封口。

2. 每个数字应紧贴底线，上端不可顶格，高度应占全格的1/2至2/3。除“6”、“7”、“9”外，其他数码要高低一致。写“6”时，上端比其他数字高出1/4；书写“7”和“9”时，下端伸出1/4。

实训 2

原始凭证的填制与审核

任务 1　原始凭证填制

一、实训目的

能按照原始凭证的填制要求正确填制各种原始凭证。

二、实训内容

根据东方有限责任公司（一般纳税人）2009 年 5 月份发生的经济业务填制指定的原始凭证。

三、实训准备

蓝（黑）笔、算盘或计算器。

四、实训步骤与方法

1. 掌握原始凭证填制要求，熟悉常见原始凭证格式。
2. 根据所给资料，指导学生按照规范化要求填制有关原始凭证。

任务 2　原始凭证的审核

一、实训目的

通过审核能查证原始凭证是否合法、合理及规范。

二、实训内容

根据给出的原始凭证，对照会计法规及原始凭证填列规范进行审核。

三、实训准备

蓝（黑）笔、算盘或计算器。

四、实训步骤与方法

原始凭证审核要求审核人员必须熟悉相关的会计法律法规和本单位内部规定，实施有效的会计监督。此外，审核人员还要做好宣传解释工作，避免发生违法违规的经济业务。本实训要求如下。

1. 熟悉会计法律法规中填制和取得原始凭证的相关规定。
2. 对所给资料注意从内容记载的真实性、合法性、完整性、正确性、及时性等方面进行审核。
3. 经审核的原始凭证应针对不同情况进行处理。
4. 教师对学生的凭证做出审核说明。

知识点

填制原始凭证时，各个项目内容要填写完整，不得任意留空，或随便简化内容。各种签名或盖章必须齐全、清晰、完整，不得模糊不清。一式几联的发票和收据必须用双面复写纸套写，并连续编号，注明各联用途，作废时应加盖“作废”戳记，连同存根一起保存。

原始凭证必须及时填制，不得任意提前或推后。

在填制原始凭证时若发生书写错误，不得随意涂改、刮擦、挖补，应按规定办法更正。若有关现金、银行存款收支业务的原始凭证金额填写错误，不能在凭证上更改，需加盖“作废”戳记，妥善保管，重新填写，以免错收错付。

实训练习

1. 5 月 1 日，以现金支付汽车修理费 200 元（附件 1 张：费用发票 1 张）。

南宁市服务业统一发票

客户：　　　　　　　　　　发　票　联　　　　　　　　　　年　月　日

项目	摘　要	单位	数量	金额	金　额						
					万	千	百	十	元	角	分
合计人民币（大写）											

收款：　　　开票：　　　开票单位章

2. 5 月 2 日，厂部购买办公用品 700 元，其中宣纸 100 张，每张 2 元，钢笔 100 支，每支 5 元，以现金支付。

南宁市商业零售统一发票（发票联）　　No.31420

购货单位：　　　　　　年　月　日

商品名称	单位	规格	数量	单价	金额							备注
					万	千	百	十	元	角	分	
												现金付讫
合计												
人民币（大写）　万　千　佰　拾　元　角　分												

3. 5 月 4 日，支付南宁电视台广告费 2400 元。

广西省广告业统一发票

发票联

№57484858

客户名称：　　　　　　　　　　年　　月　　日

项目	单位	数量	单价	金额								备注
				十	万	千	百	十	元	角	分	
合计金额（大写）：												

填票人　　　　　　　　收款人　　　　　　　　单位名称

第二联发票联

4. 5 月 5 日，一车间生产 A 产品领用甲材料 1000 公斤，每公斤实际成本 20 元，计 20000 元，一车间一般耗用领用丙材料 100 公斤，每公斤实际成本 5 元，计 500 元（附件 1 张：领料单 1 张）。

领　料　单

领料单位：　　　　　　　　　年　月　日　　　　　　　　No.12348

领料用途	材料名称	单位	出库数量	实发数量	单价	金额								备注
						十	万	千	百	十	元	角	分	

主管部门　　　　会计主管　　　　　保管员　　　　领料人

5. 5 月 6 日一车间王和平到仓库领用钢板 8 张，每张实际成本 1000 元，用于生产仪表盘，发料人张强。

出　库　单　　　　No：7239467

领用部门：　　　　　　年　　月　　日　　　　　　发料仓库：

名称规格	计量单位	数量		实际单价	金额	用途
		请领	实领			
合计						

记账：　　　　　　发料人：　　　　　　领料人：

6. 5 月 6 日～9 日，采购员李明出差到桂林采购，报销差旅费 750 元，收回现金 50 元，结清前欠数（附件 3 张：公出审批单、差旅费报销单和收据各 1 张）。

红星工厂公出审批单

年　　月　　日

部门		出差人	
公出事由		出差地点	
出差日期	年　月　日——　年　月　日		
预计差旅费（大写）		金额（小写）	
部门审批		主管领导审批	

备注：本单一式三联，凭第一联预支借款；凭第二联报销；第三联出差人留存

差旅费报销单

姓名：

职务：　　　　　　　　　　　　　年　月　日　　　　　　　　　　　单位：元

<table>
<tr><td colspan="2">起</td><td colspan="2">止</td><td colspan="7">车船费、旅馆费、交通费、补贴等</td><td rowspan="2">合计金额</td></tr>
<tr><td>月</td><td>日</td><td>月</td><td>日</td><td>火车费</td><td>汽车费</td><td>船费</td><td>旅馆费</td><td>会议费</td><td>补贴</td><td>杂费</td></tr>
<tr><td></td><td></td><td></td><td></td><td></td><td></td><td></td><td></td><td></td><td></td><td></td><td></td></tr>
<tr><td></td><td></td><td></td><td></td><td></td><td></td><td></td><td></td><td></td><td></td><td></td><td></td></tr>
<tr><td></td><td></td><td></td><td></td><td></td><td></td><td></td><td></td><td></td><td></td><td></td><td></td></tr>
<tr><td></td><td></td><td></td><td></td><td></td><td></td><td></td><td></td><td></td><td></td><td></td><td></td></tr>
<tr><td></td><td></td><td></td><td></td><td></td><td></td><td></td><td></td><td></td><td></td><td></td><td></td></tr>
<tr><td colspan="12">合计人民币
（大写）</td></tr>
<tr><td colspan="3">部门审批</td><td colspan="4"></td><td colspan="2">主管领导审批</td><td colspan="3"></td></tr>
</table>

收　据

年　月　日　　　　　　　　　　　　第　　号

<table>
<tr><td colspan="6">今收到</td></tr>
<tr><td colspan="6">人民币（大写）：</td></tr>
<tr><td colspan="3" rowspan="3">事由：</td><td colspan="3">现金</td></tr>
<tr><td colspan="3">支票第　　　　　号</td></tr>
<tr><td colspan="3"></td></tr>
<tr><td>收款单位</td><td></td><td>财务主管</td><td></td><td>收款人</td><td></td></tr>
</table>

7. 5 月 11 日，收到源发公司投入企业资金 30000 元，存入银行（进账单略）。

接受投资收据

年　　月　　日

<table>
<tr><td colspan="3">投资单位：</td><td colspan="2">投资日期：　　年　　月　　日</td></tr>
<tr><td>投资项目(名称)</td><td>原值</td><td>评估价值</td><td>投资期限</td><td>备注</td></tr>
<tr><td></td><td></td><td></td><td></td><td></td></tr>
<tr><td></td><td></td><td></td><td></td><td></td></tr>
<tr><td></td><td></td><td></td><td></td><td></td></tr>
<tr><td></td><td></td><td></td><td></td><td></td></tr>
<tr><td></td><td></td><td></td><td></td><td></td></tr>
<tr><td></td><td></td><td></td><td></td><td></td></tr>
<tr><td colspan="5">投资金额合计人民币（大写）：</td></tr>
</table>

8. 5 月 13 日，机修车间赵正参加长春市科技成果展示会，预借差旅费 1500 元，填写借款单如下。

借　款　单

年　月　日

<table>
<tr><td>单位</td><td colspan="2"></td><td>姓名</td><td></td><td>财务部经理</td><td></td><td>审批</td><td></td></tr>
<tr><td rowspan="3">项目</td><td>预付差旅费</td><td>出差事由</td><td colspan="2"></td><td>出差地点</td><td></td><td>部门经理</td><td></td></tr>
<tr><td rowspan="2">其他借款</td><td>借款理由</td><td colspan="6"></td></tr>
<tr><td>对方单位</td><td colspan="2"></td><td>账号开户行</td><td></td><td>付款方式</td><td></td></tr>
<tr><td colspan="9">人民币：（大写）</td></tr>
</table>

9. 5 月 14 日，市建筑器材厂出纳员将当天销售款现金 156000 元存入银行（面额百元 1000 张、五十元 1020 张、其余为十元）。

中国工商银行现金交款单（回单）①

年　月　日　　№0000097

<table>
<tr><td rowspan="2">收款单位</td><td>全称</td><td></td><td>款项来源</td><td colspan="9"></td></tr>
<tr><td>账号</td><td></td><td>交款部门</td><td colspan="9"></td></tr>
<tr><td rowspan="2">金额（大写）</td><td colspan="3" rowspan="2"></td><td>百</td><td>十</td><td>万</td><td>千</td><td>百</td><td>十</td><td>元</td><td>角</td><td>分</td></tr>
<tr><td></td><td></td><td></td><td></td><td></td><td></td><td></td><td></td><td></td></tr>
</table>

券别	张数	十	万	千	百	十	元	券别	张数	千	百	十	元	角	分	上列款项已如数收妥入账
一百元								一元								
五十元								五角								（收款银行盖章）
十元								二角								复核：　经办：
五元								一角								年 月 日
二元								分币								

第一联由银行盖章后退回单位

10. 5 月 15 日，东方公司收到新金机械股份有限公司业务员兰立新交来的包装物押金 380 元，出纳员开出收据。

现 金 收 款 收 据

年　　月　　日　　　　№1200374

<table>
<tr><td rowspan="2">收款单位</td><td rowspan="2"></td><td rowspan="2">交款单位</td><td rowspan="2"></td><td colspan="9">金　　额</td><td rowspan="4">三联记账</td></tr>
<tr><td>百</td><td>十</td><td>万</td><td>千</td><td>百</td><td>十</td><td>元</td><td>角</td><td>分</td></tr>
<tr><td>金额
（大写）</td><td colspan="3"></td><td></td><td></td><td></td><td></td><td></td><td></td><td></td><td></td><td></td></tr>
<tr><td>事由</td><td colspan="3"></td><td colspan="9">备注：</td></tr>
</table>

会计主管：　　　　收款人：　　　　制单：

实训 3

记账凭证的填制与审核

任务 1　专用记账凭证的填制

一、实训目的

能依据审核后的原始凭证，正确填制专用记账凭证。

二、实训内容

根据东方公司 2009 年 12 月份发生的部分交易或事项（以原始凭证为依据），审核无误后，填制专用记账凭证。

三、实训准备

1. 蓝（黑）笔、算盘或计算器。
2. 记账凭证。
3. 实训教材。

四、实训步骤与方法

专用记账凭证包括收款凭证、付款凭证和转账凭证。专用记账凭证通常适合于规模较大、款项收付较多的企业。

1. 复习教材中记账凭证的填制要求，了解专用记账凭证的格式及特点。
2. 分析经济业务，确定应填制何种专用凭证，确定应借应贷会计科目及金额。
3. 填制收、付、转凭证。
4. 教师点评。

任务2　通用记账凭证的填制

一、实训目的

能依据审核后的原始凭证，正确填制通用记账凭证。

二、实训内容

根据东方公司2009年12月份发生的部分交易或事项（以原始凭证为依据），审核无误后，填制通用记账凭证。

三、实训准备

备有蓝（黑）笔、算盘或计算器。

四、实训步骤与方法

通用记账凭证是适合于所有经济业务的记账凭证。采用通用记账凭证的单位，无论是款项的收付还是转账业务，都采用统一格式的记账凭证。通用记账凭证通常适合于规模不大、款项收付不多的企业。

1. 复习教材中记账凭证的填制要求，了解通用记账凭证的格式和特点。
2. 分析经济业务，确定应借应贷会计科目及金额。
3. 填制记账凭证。
4. 教师点评。

任务3　记账凭证的审核

一、实训目的

根据填制的记账凭证，按记账凭证审核内容的要求，审核经济业务是否合法、合理及记账凭证填写是否符合规范要求。

二、实训内容

根据东方公司2009年12月所填制的部分记账凭证进行审核。

三、实训准备

1. 蓝（黑）笔、算盘或计算器。
2. 实训教材。

四、实训步骤与方法

1. 审核记账凭证。根据审核记账凭证审核的内容和方法，认真审查每一张记账凭证。
2. 指出存在的问题，并填制正确的记账凭证。
3. 教师点评。
4. 填写实训报告。

知识点

1. 摘要的填写。摘要是对经济业务的简要说明。摘要应符合两个要求：一是能准确表述经济业务的基本内容；二是简明扼要，容易理解。例如，填制购进物资的记账凭证，应在摘要中写出“从××公司购入”；填制费用报销的记账凭证，应在摘要中写出“××报销差旅费”。

2. 现金支票用途一般写：工资、奖金、费用（备用金）。

3. 会计科目的书写。会计科目必须使用统一会计科目，不得简化或使用代码，以保证核算口径一致，便于前后期的比较。一级科目、二级科目或明细科目应填写齐全，保证对应关系清楚，金额正确无误。

4. 文字的书写不能占满格，一般应占格距高度的1/2，上面留有一定的空格，便于更正差错。

5. 按照规定对凭证填号。可以采用全部记账凭证统一填号，每月从第一号凭证开始，至月末最后一张结束。

6. 附件完整。

实训练习

一、东方公司纳税人登记号为675678976521，基本存款账户的开户银行为工商银行，账号为244-778，地址为红星路518号。

长江公司纳税人登记号为465789003，基本存款账户的开户银行为交通银行，账号为336699，地址为长江路18号。

黄河公司纳税人登记号为696778509，基本存款账户的开户银行为建设银行，账号为123456，地址为人民路108号。

单位主管、会计、出纳等由实验小组成员分别担任。

二、东方公司2009年12月初有关总分类账户、部分明细分类账户余额如下。

1. 总分类账户余额。

账户名称	借方余额	账户名称	贷方余额
库存现金	3000	短期借款	120000
银行存款	251000	应付账款	22000
在途物资	10000	应交税费	3000
原材料	200000	应付职工薪酬	5000
库存商品	30000	实收资本	600000
预付账款	10000	资本公积	12000
应收账款	30000	盈余公积	66000
其他应收款	1000	本年利润	10000
固定资产	400000	利润分配	−3000
累计折旧	−100000		
合　计	835000	合　计	835000

2. 部分明细分类账户余额如下。

原材料……甲材料5000元/公斤，共20公斤，计100000元

……乙材料8000元/公斤，共10元，计80000元

……丙材料4000元/公斤，共5元，计20000元

应收账款……黄河公司20000元

……长江公司10000元

应付账款……华兴公司30000元

……西北公司22000元

三、东方公司12月份发生如下经济业务。

1. 12月1日，开出现金支票一张，从银行提取现金1000元（附件1张：支票存根1张）。

中国工商银行
现金支票存根
Ⅱ XXXXX

科　　目
对方科目
出票日期 2009 年 12 月 1 日

收款人：	东方公司
金　额：	1000
用　途：	备用金
备　注：	

单位主管：郭林　　会计：郭动

2. 12 月 1 日，王华去北海学习 3 天，借支差旅费 800 元，以现金支付。

出差申请表

申请人：

出差人	王华	部门	行政管理
差期	2009 年 12 月 1 日　至 2009 年 12 月 3 日		
出差地点	北海	交通工具	火车
出发时间	2009 年 12 月 1 日	所需费用	800
出差事由	学习		
院领导意见		主管意见	

3. 12 月 2 日，以现金支付办公用品费 300 元，其中车间办公费 100 元，行政管理部门办公费 200 元（附件 2 张：购买用品发票 2 张）。

南宁市人本超市有限公司零售发票

税号：330300760159831　　发票联　　No：0045315

开票日期 2009 年 12 月 2 日	购货单位名称		东方公司		
品名及规格	单　位	数　量	单　价	金　额	备　注
稿纸	本	20	2.5	50	学院路店
水笔	支	10	5	50	
笔记本	本	20	5	100	
合计人民币（大写）	贰佰元整				￥200.00

收款人：孙美　　开票人：吴东　　开票单位盖章

南宁市人本超市有限公司零售发票

税号：　330300760159831　　　发票联　　　　No：0045316

开票日期2009年12月2日	购货单位名称		东方公司		
品名及规格	单位	数量	单价	金额	备注
毛巾	条	20	5	100	学院路店
合计人民币（大写）	壹佰元整			￥100.00	

收款人：孙美　　　开票人：吴东　　　　　开票单位盖章

4. 12月3日，上月购入乙材料1000公斤，每公斤10元，发票金额10000元，已验收入库（附件1张：收料单1张）。

收　料　单

收料日	工程填号	本单位名称		请购部门		订制单填号		
年　月　日	099					063		
会计科目	品名规格		项次	材料名称	单位	数量	单位	金额
原材料	895			乙材料	公斤	1000		10000
备注		点收		检验		经办部门		
						主管		经办
		吴春天		赵龙		王花海		朱飞

5. 12 月 3 日，银行通知，长江公司欠款 10000 元已收到（附件 1 张：收款通知 1 张）。

委托收款凭证（收款凭证）

委托日期：年 12 月 03 日

<table>
<tr><td rowspan="3">收款人</td><td>全称</td><td colspan="3">东方公司</td><td rowspan="3">付款人</td><td>全称</td><td>长江公司</td></tr>
<tr><td>账号</td><td colspan="3">244-778</td><td>账号</td><td>336699</td></tr>
<tr><td>开户银行</td><td>工行</td><td>行号</td><td></td><td>开户银行</td><td>交通银行</td></tr>
<tr><td>委收金额</td><td>人民币（大写）</td><td colspan="4">壹万元整</td><td colspan="2">十 万 千 百 十 元 角 分
¥ 1 0 0 0 0 0 0</td></tr>
<tr><td>款项内容</td><td>货款</td><td>委托收款凭据名称</td><td colspan="2">发货单及运单</td><td colspan="2">附件单据</td><td></td></tr>
<tr><td colspan="2">备注</td><td colspan="3">上委托收款附有关单证请办理有关收款</td><td colspan="3">科目（收）
对方科目（付）
转账 年 12 月03 日</td></tr>
</table>

收款人开户行收到日期 2009 年 12 月 03 日

6. 12 月 4 号，向西北公司购入甲材料 1000 公斤，每公斤 19.5 元，计 19500 元，增值税率 17%，以转账支票支付（附件 2 张：转账支票和发票各 1 张）。

中国工商银行

转账支票存根

II XXXXX

科　目

对方科目

出票日期 2009 年 12 月 4 日

收款人：	西北公司
金　额：	19500
用　途：	材料采购
备　注：	

单位主管：郭林　　会计：郭动

南宁市增值税专用发票

3300053140　　发 票 联　　开票日期：2009 年 12 月 4 日

国税函［2009 559 号 东方公司

购货单位	名　　称：东方公司 纳税人识别号：123456789 地 址、电 话：红星路 518 号 86679899 开户行及账号：工行 244-778	密码区			+2+2*1*7*<9+8+>50849/ /9-8399>226282*45*317　加密原本号：01 -4059/9/+0/573904*<70　2200024140 8+5>*/<>2-7*2<82>>+5　03132868		
货物或应税劳务名称	规格型号	单位	数量	单价	金额	税率	税额
甲材料	Φ8-15	公斤	1000	19.5	19500	17%	3315
合　计					￥19500		￥3315
价税合计（大写）	贰万贰仟捌佰壹拾伍元整　（小写）￥22815.00						
销货单位	名　　称：西北公司 纳税人识别号：12986734 地 址、电 话：西北路 101 号 88220033 开户行及账号：工行 129578	备注					

第二联：发票联 购货方记账凭证

收款人：　　复核：　　开票人：刘红　　销货单位（章）

7. 12 月 4 号，以现金 500 元支付上述甲材料运费（附件 1 张：运费收据 1 张）。

公路、内河货物运输业统一发票

发 票 联　　发票代码：239082205

开票日期：年 12 月 4 日　　发票号码：2389004

机打代码 机打号码 机器填号	239082205 2389004	税控码	
收货人及纳税人识别号	东方公司 123456789	承运人及纳税人识别号	联运公司 33087890
发货人及纳税人识别号	西北公司 12986734	主管税务机关及代码	
运输项目及金额	货物名称　数量 运费金额 甲材料　1000 公斤 450	其他项目及金额	杂费 50 备注（手写无效）
运费小计	450	其他	50
合计（大写）人民币	伍佰元整　（小写）￥500.00		
代开单位及代码	地税局 234509	扣缴税额、税率完税凭证	

8. 12月6日，仓库送来验收入库甲材料1000公斤如数收回，结转其实际成本20000元（附件1张：收料单1张）。

收料单

收料日	工程填号	本单位名称	请购部门	订制单填号
2009年12月6日				

会计科目	品名规格	项次	材料名称	单位	数量	单位	金额
原材料			甲材料	公斤	1000		20000

备注	点收	检验	经办部门	
			主管	经办
	吴春天	赵龙	王花海	朱飞

9. 12月8日，一车间生产A产品领用甲材料500公斤，每公斤20元，计10000元，乙材料500公斤，每公斤10元，计5000元（附件1张：领料单1张）。

领料单

领料单位： 年 月 日 No.12345

领料用途	材料名称	单位	出库数量	实发数量	单价	金额								备注
						十	万	千	百	十	元	角	分	
生产	甲	公斤	500	500	20		1	0	0	0	0	0	0	
生产	乙	公斤	500	500	10			5	0	0	0	0	0	
							1	5	0	0	0	0	0	

主管部门 会计主管 保管员：理玉华 领料人：王瑾

10. 12月8日，开出现金支票1张，从银行提取现金800元（附件1张：支票存根1张）。

中国工商银行
转账支票存根
Ⅱ XXXXX

科　　目
对方科目
出票日期2009年12月8日

收款人：	东方公司
金　额：	800
用　途：	备用金
备　注：	

单位主管　　　　　　会计

11. 以银行存款上交上月税费 2500 元和教育费附加 500 元（附件 1 张：交缴书 1 张）。

中华人民共和国

税收缴款单

隶属关系：

经济类型：　　　　　　　　填发日期：2009　年　12　月 8　日

征收机关：

缴款单位	代码	001	预算科目	款	
	全称	东方公司		项	
	开户银行	工商银行		级次	
	账号	244-778	收款国库		

税款所属时期　　年　　月　　日	税款限缴日期　　年　　月　　日

品目名称	计税金额或销售额	税率	已缴或扣除额	实缴金额								
				百	十	万	千	百	十	元	角	分
增值税	200000	17%	31500				2	5	0	0	0	0
教育费附加								5	0	0	0	0
金额合计（大写）	叁仟元整					¥	3	0	0	0	0	0

缴款单位（盖章） 经办人（章）	税务机关 填票人 （章）	上列款项已收妥并 划转收款单位账户 国库（银行）盖章 年　　月　　日	备注

注：逾期不缴税法规定加收滞纳金。

12. 12 月 8 日，领用丙材料 1000 公斤，每公斤 5 元，计 5000 元，其中用于车间修理 600 公斤，厂部行政管理部门修理 400 公斤（附件 2 张：领料单 2 张）。

领　料　单

领料单位：生产车间　　　　　　　　年 12 月 8 日　　　　　　　　No.12346

领料用途	材料名称	单位	出库数量	实发数量	单价	金额								备注
						十	万	千	百	十	元	角	分	
生产	丙	公斤	600	600	5			3	0	0	0	0	0	
合计								3	0	0	0	0	0	

主管部门　　　　会计主管　　　　保管员：理玉华　　　　领料人：秦凯

领 料 单

领料单位：管理部门　　　　　　　　　　　年 12 月 8 日　　　　　　　　　　　　　No.12347

领料用途	材料名称	单位	出库数量	实发数量	单价	金额								备注
						十	万	千	百	十	元	角	分	
日常耗用	丙	公斤	400	400	5			2	0	0	0	0	0	
合计								2	0	0	0	0	0	

主管部门　　会计主管　　　　保管员　　　　领料人

13. 12 月 9 日，以现金支付会议费用 150 元（附件 1 张：费用发票 1 张）。

南宁市人本超市有限公司零售发票

税号：330300760159831 发票联 No：0045415 开票日期 2009 年 12 月 9 日

	购货单位名称			东方公司	
品 名 及 规 格	单位	数量	单价	金　额	备注
笔记本 笔记本	本 本	40 10	2.5 5	100 50	学院路店
合计人民币（大写）	壹佰伍拾元整			￥150.00	

收款人：　　开票人：吴东　　　　　　　　　　　　　　　　开票单位盖章

14．12 月 9 日，以现金支付报刊杂志费 600 元（附件 1 张：收据 1 张）。

中国邮政报刊费收据

户名：东方公司

地址：红星路 518 号　　　　　　日期：2009 年 12 月 9 日

查询号：3304005174O　　收订局：温州市上顿门邮政所　No：0374071

序号 备注	报刊代号	报刊名称	起止订期	份数	定价	款额
1	2-551	环球经济	4-6	1		200.00
2	32-21	中国商界	4-6	2		400.00
共计款额：陆佰元整						￥600.00

营业员：雷雨　　　　　　日戳：09.12.09.

订户注意：1．请核对填制内容是否正确,是否加盖章戳。

2．如有查询、退订、改址等事项，请交验此发票。

3．报刊名称前带*表示不可退订。　　　　邮政客户服务电话：11185

15．12 月 9 日，出售给长江公司 A 产品 800 件，每件 50 元，增值税率 17%，款未收（附件 1 张：发票 1 张）。

南宁市增值税专用发票

3300053140　　　　　　　　　　　　No.0053490

发　票　联　　　　　　开票日期：　　年　月　日

国税函［2002］559 号　东方公司

购货单位	名　　称： 纳税人识别号： 地 址、电 话： 开户行及账号：			密码区			
货物或应税劳务名称	规格型号	单位	数量	单价	金　额	税率	税　额
合　计							
价税合计（大写）					（小写）		
销货单位	名　　称： 纳税人识别号： 地 址、电 话： 开户行及账号：			备注			

第三联：记账联　销货方记账凭证

收款人：　　　复核：　　　开票人：　　　销货单位（章）

16. 12月10日，接受国家投资200000元，存入银行（附件1张：收款通知1张）。

中国工商银行进账单（收账通知）

委托日期　　年　12　月　10　日　　　　第　1987　号

付款人	全称	国家投资部门	收款人	全称	东方公司					
	账号	136978		账号	244-778					
	开户行	交通银行		开户行	工商银行					
人民币（大写）	贰拾万元整		百	十	万	千	百	十	元	角	分
				2	0	0	0	0	0	0	0
票据种类	转支		收款人开户银行盖章								
票据张数	1	凭证张数									
主管　会计　复核　记账											

17. 12月11日，以银行存款20000元，归还短期借款（附件1张：还款收据1张）。

偿还贷款凭证（第一联）

2009年12月11日

借款单位名称	东方公司	贷款账号	1000261	结算账号	41069432						
还款金额（大写）	贰万元整		百	十	万	千	百	十	元	角	分
				¥	2	0	0	0	0	0	0
贷款种类	生产周转	借款日期	2008年12月20日	还款日期	2009.12.11						
同　上列款项已由你单位244—778账户归还借款　中国工商银行			备注								

复核员：　　　　　　　　记账员：

偿还贷款收据

18. 12 月 11 日，向黄河公司出售 A 产品 200 件,每件 50 元，增值税率 17%，款已收到存入银行（附件 2 张：发票、收账通知各 1 张）。

南宁市增值税专用发票

3300053140

No.0053491

发 票 联 开票日期：2009 年 12 月 11 日

购货单位	名　称：黄河公司 纳税人识别号： 地 址、电 话： 开户行及账号：123456			密码区	+2+2*1*7*<989+5>50866/ /9-8399>2269955*317 加密原本号：01 -4059/9/+0/573904*<70 2200024140 8+5>*/<>>2-7*2<82>>+5 03132868		
货物或应税劳务名称	规格型号	单位	数量	单价	金　额	税率	税额
		件	200	50	1000	17%	170
合　计					1000		170
价税合计（大写）	壹仟壹佰柒拾元整				（小写）1170		
销货单位	名　称： 纳税人识别号： 地 址、电 话： 开户行及账号：			备注			

收款人：　　复核：　　开票人：　　销货单位（章）

国税函 [2002] 559 号 东方公司

第三联：记账联 销货方记账凭证

中国工商银行进账单（收账通知）

委托日期　年 12 月 11 日　　第 1937 号

付款人	全称	黄河公司	收款人	全称	东方公司					
	账号	123456		账号	244-778					
	开户行	建设银行		开户行	工商银行					
人民币（大写）	壹万壹仟柒佰元整		百	十	万	千	百	十	元	角	分
				¥	1	1	7	0	0	0	0
票据种类	转支		收款人开户行盖章							
票据张数	1	凭证张数								
主管　会计　复核　记账										

19. 12 月 12 日，以现金支付汽车修理费 200 元（附件 1 张：费用发票 1 张）。

南宁市服务业统一发票

客户：东方公司　　　　发　票　联　　　　2009 年 12 月 12 日

项目	摘要	单位	数量	金额	金额						
					万	千	百	十	元	角	分
	修理费						2	0	0	0	0
合计人民币（大写）	贰佰元整					¥	2	0	0	0	0

收款：刘行　　　　开票：刘耕　　　　开票单位章

20. 12 月 12 日，一车间生产 A 产品领用甲材料 1000 公斤，每公斤 20 元，计 20000 元，一车间一般耗用领用丙材料 100 公斤，每公斤 5 元，计 500 元（附件 1 张：领料单 1 张）。

领　料　单

领料单位：　　　　年　月　日　　　　No.12348

领料用途	材料名称	单位	出库数量	实发数量	单价	金额								备注
						十	万	千	百	十	元	角	分	

主管部门　　　　会计主管　　　　保管员　　　　领料人

21. 12月13日，出售给黄河公司A产品200件，每公斤50元，税率17%，其中5000元已收到存入银行，其余未收（附件2张：发票和收账通知各1张）。

中国工商银行进账单（收账通知）

委托日期 年 12 月 13 日 第 1789 号

付款人	全称	黄河公司	收款人	全称	东方公司
	账号	123456		账号	244-778
	开户行	建设银行		开户行	工商银行

人民币（大写）	百	十	万	千	百	十	元	角	分
伍仟元整			¥	5	0	0	0	0	0

票据种类		转支		收款人开户行盖章
票据张数	1	凭证张数		
主管 会计 复核 记账				

南宁市增值税专用发票

300053140 No.0053492

发 票 联 开票日期： 年 月 日

国税函[2009]559号 东方公司

购货单位	名 称：黄河公司 纳税人识别号： 地 址、电 话： 开户行及账号：123456	密码区	+2+2*1*7*<989+5>50849/ /9-8399>2269955*317 加密原本号：01 -4059/9/+0/573904*<70 2200024140 8+5>*/<>>2-7*2<82>>+5 03132868

货物或应税劳务名称	规格型号	单位	数量	单价	金 额	税率	税 额
合 计							
价税合计（大写）				（小写）			

销货单位	名 称： 纳税人识别号： 地 址、电 话： 开户行及账号：	备注	

收款人： 复核： 开票人： 销货单位（章）

第三联：记账联 销货方记账凭证

22. 12 月 14 日，向上海机械厂购入机器 1 台计 30000 元，运费 1000 元，以转账支票支付（附件 3 张：发票、运费收据、支票存根各 1 张）。

南宁市增值税专用发票

3300053140　　　　发　票　联　　　　开票日期: *年 12 月 14 日

购货单位	名　　称：东方公司 纳税人识别号：123456789 地 址、电 话：红星路 518 号 86679899 开户行及账号：工行 244-778	密码区	+2+2*1*7*<9+8+>50849/ /9-8399>226282*45*3_7　加密原本号：01 −4059/9/+0/573904*<70　2200024140 8+5>*/<>>2-7*2<82>>+5　03132868

货物或应税劳务名称	规格型号	单位	数量	单价	金　额	税率	税　额
机器	Φ8-15	台	1	25641.03	25641.03	17%	4358.97
合　计					￥25641.03		￥4358.97
价税合计（大写）	叁万元整				（小写）￥30000.00		

销货单位	名　　称：中华望又公司 纳税人识别号：1298345698 地 址、电 话：中华路 101 号 88220008 开户行及账号：工行 129-129	备注	

收款人：　　　　复核：　　　　开票人：刘红　　　　销货单位（章）

国税函 [2002] 559 号 东方公司

第二联：发票联 购货方记账凭证

南宁市公路、内河货物运输业统一发票

发　票　联　　　　发票代码：239082205

开票日期：2009 年 12 月 4 日　　　　发票号码：2389004

机打代码 机打号码 机器填号	239082205 2389004	税控码	
收货人及纳税人识别号	东方公司 123456789	承运人及纳税人识别号	联运公司 33087890
发货人及纳税人识别号	上海机械厂 129864554734	主管税务机关及代码	
运输项目及金额	货物名称　数量　运费金额 机器　1 台　910	其他项目及金额	杂费 90
		备注（手写无效）	
运费小计	￥910.00	其他费用小计	￥90.00
合计(大写) 人民币	壹仟元整		
代开单位及代码	地税局 234509	扣缴税额、税率完税凭证	

中国工商银行
转账支票存根
Ⅱ XXXXX

科　　目
对方科目
出票日期　　年　　月　　日

收款人：	上海机械厂
金　额：	31000元
用　途：	
备　注：	

单位主管　　　　　　会计

23. 12月14日，开出现金支票1张，提取现金10000元，备发工资（附件1张：支票存根1张）。

中国工商银行
转账支票存根
Ⅱ XXXXX

科　　目
对方科目
出票日期　　年　　月　　日

收款人：	
金　额：	
用　途：	
备　注：	

单位主管　　　　　　会计

24. 12月15日，以现金10000元支付本月职工工资（附件1张：工资表1张）。

工资结算单

年　　月

部门	填号	姓 名	基本工资	津贴	奖金	合计	签名
生产	001 002	张三 李琼	500 600	100 120	150 200	750 920	
		合计	7000	1000	2000	10000	

25. 12 月 15 日，计算分配本月应付工资 10000 元，其中生产 A 产品工人工资 5000 元，生产 B 产品工人工资 2500 元，车间管理人员工资 1000 元，厂部管理人员工资 1500 元（附件 1 张：工资分配表 1 张）。

工资费用分配表

年 12 月 15 日　　　　单位：元

应借账户		工资总额	合计
生产成本	A 产品	5000	5000
	B 产品	2500	2500
	小计	7500	7500
管理费用		1500	1500
制造费用		1000	1000
合计		10000	10000

26. 12 月 16 日，王华出差回来，报销差旅费 750 元，收回现金 50 元，结清前欠数（附件 2 张：差旅费报销单和收据各 1 张）。

差旅费报销单

姓名：　职务：　　　　年　月　日　　　　单位：元

<table>
<tr><td colspan="2">起</td><td colspan="2">止</td><td colspan="7">车船费、旅馆费、交通费、补贴等</td><td rowspan="2">合计金额</td></tr>
<tr><td>月</td><td>日</td><td>月</td><td>日</td><td>火车费</td><td>汽车费</td><td>船费</td><td>旅馆费</td><td>会议费</td><td>补贴</td><td>杂费</td></tr>
<tr><td></td><td></td><td></td><td></td><td></td><td></td><td></td><td></td><td></td><td></td><td></td><td></td></tr>
<tr><td></td><td></td><td></td><td></td><td></td><td></td><td></td><td></td><td></td><td></td><td></td><td></td></tr>
<tr><td></td><td></td><td></td><td></td><td></td><td></td><td></td><td></td><td></td><td></td><td></td><td></td></tr>
<tr><td colspan="12">合计人民币
（大写）</td></tr>
<tr><td colspan="3">部门审批</td><td colspan="4"></td><td colspan="2">主管领导审批</td><td colspan="3"></td></tr>
</table>

收　据

年　月　日　　　　　　　　第　号

今收到					
人民币（大写）：					
事由：			现金		
			支票第　　　　号		
收款单位		财务主管		收款人	

27. 12 月 16 日，以银行存款 20000 元归还华兴公司欠款（附件 1 张：付款通知 1 张）。

委托收款凭证（支款凭证）

委邮　　　　委托日期　　　年 12 月 02 日

<table>
<tr><td rowspan="3">收款人</td><td>全称</td><td>华兴公司</td><td rowspan="3">付款人</td><td>全称</td><td colspan="8">东方公司</td></tr>
<tr><td>账号</td><td>123459</td><td>账号</td><td colspan="8">244-778</td></tr>
<tr><td>开户银行</td><td>交通银行</td><td>开户银行</td><td colspan="8">工商银行</td></tr>
<tr><td rowspan="2">委收金额</td><td rowspan="2">人民币（大写）</td><td rowspan="2" colspan="3">贰万元整</td><td>十</td><td>万</td><td>千</td><td>百</td><td>十</td><td>元</td><td>角</td><td>分</td></tr>
<tr><td>¥</td><td>2</td><td>0</td><td>0</td><td>0</td><td>0</td><td>0</td><td>0</td></tr>
<tr><td>款项内容</td><td>货款</td><td>委托收款名称</td><td>发货单</td><td>附寄单证张数</td><td colspan="8">4</td></tr>
<tr><td colspan="2">备注</td><td colspan="2">收款人开户行盖章</td><td colspan="9">科目（付）
对方科目（收）
转账　年 12 月 16 日
复核　　　记账</td></tr>
</table>

付款人开户行收到日期 09 年 12 月 11 日

28. 12 月 17 日，向西北公司购入乙材料 5000 公斤，每公斤 10 元，税率 17%，款未付，材料已验收入库（附件 2 张：发票和收料单各 1 张）。

南宁市增值税专用发票

3300053140　　　　　　　　　　No.0063497

发　票　联　　　　　　　　开票日期：*年 12 月 17 日

国税函［2002］559 号 海南华森实业公司

购货单位	名　　称：东方公司 纳税人识别号：123456789 地 址、电 话:红星路 518 号 86679899 开户行及账号：工行 244-778			密码区	+2+2*1*7*<9+8+>50849/ /9-8399>226282*45*317　加密原本号：01 −4059/9/+0/573904*<70　2200024140 8+5>*/<>>2-7*2<82>>+5　03132868		
货物或应税劳务名称	规格型号	单位	数量	单价	金　额	税率	税　额
乙材料	Φ8-15	公斤	5000	10	50000	17%	8500
合　计					￥50000		￥8500
价税合计（大写）	伍万捌仟伍佰元整				（小写）￥58500.00		
销货单位	名　　称：西北公司 纳税人识别号：12986734 地 址、电 话:西北路 101 号 88220033 开户行及账号：工行 129578			备注			

第二联：发票联 购货方记账凭证

收款人：　　　复核：　　　开票人：刘红　　　销货单位（章）

收　料　单

收料日	工程填号	本单位名称	请购部门	订制单填号			
*年 12 月 17 日	23		生产车间	01217			
会计科目	品名规格	项次	材料名称	单位	数量	单位	金　额
原材料	Φ8-15		乙材料	公斤	5000	10	50000

备注	点收	检验	经办部门：主管	经办部门：经办
	吴春天	赵　龙	王花海	朱　飞

29. 12 月 17 日，以现金支付职工药费 50 元（附件 1 张：报销单 1 张）。

南宁市人民医院门诊收费收据

姓名：王冠　　　　管理模式：现金

No.124536

费　别	金　额	费　别	金　额
西药费	50	检查费	
中成药		治疗费	
中草药		手术费	
挂号费		化验费	
诊察费		其　他	
合计	伍拾元整		
备注	处方号：223425 收据号校正：00124536　　收款人：0008		

30. 12 月 18 日，收到黄河公司欠款 20000 元存入银行（附件 1 张：收款通知 1 张）。

委 托 收 款 凭 证（收款凭证）

委邮　　　　委托日期：2009 年 12　月 08　日

<table>
<tr><td rowspan="3">收款人</td><td>全称</td><td colspan="3">东方公司</td><td rowspan="3">付款人</td><td>全称</td><td colspan="6">黄河公司</td></tr>
<tr><td>账号</td><td colspan="3">244-778</td><td>账号</td><td colspan="6">123456</td></tr>
<tr><td>开户银行</td><td>工行</td><td>行号</td><td></td><td>开户银行</td><td colspan="6">建设银行</td></tr>
<tr><td rowspan="2">委收金额</td><td rowspan="2">人民币（大写）</td><td colspan="3" rowspan="2">贰万元整</td><td>十</td><td>万</td><td>千</td><td>百</td><td>十</td><td>元</td><td>角</td><td>分</td></tr>
<tr><td>¥</td><td>2</td><td>0</td><td>0</td><td>0</td><td>0</td><td>0</td><td>0</td></tr>
<tr><td>款项内容</td><td>货款</td><td>委托收款凭据名称</td><td colspan="2">发货单及运单</td><td colspan="5">附寄单证张数</td><td colspan="3"></td></tr>
<tr><td colspan="2">备注</td><td colspan="3">上委托收款附有关单证请办理有关收款</td><td colspan="8">科目（收）
对方科目（付）
转账　年　12　月18日</td></tr>
</table>

收款人开户行收到日期 2009 年 12 月 18 日

31. 12 月 19 日，以银行存款 20000 元，归还西北公司欠款（附件 1 张：付款通知 1 张）。

委 托 收 款 凭 证（支款凭证）

委邮　　　　委托日期2009 年 12 月 10 日

收款人	全称	西北公司			付款人	全称	东方公司
	账号	129578				账号	244-778
	开户银行	工行	行号	分行		开户银行	工商银行

委收金额	人民币（大写）	贰万元整	十	万	千	百	十	元	角	分
			¥	2	0	0	0	0	0	0

款项内容	货款	委托收款凭据名称	发货单及运单	附件单据	
备注		上委托收款附有关单证请办理有关收款		科目（收） 对方科目（付） 转账　年　月　日	

付款人开户行收到日期 09 年 12 月 19 日

32. 12 月 19 日，一车间生产 B 产品领用甲材料 1000 公斤，每公斤 20 元，计 20000 元（附件 1 张：领料单 1 张）。

领 料 单

领料单位：一车间　　　　2009 年 12 月 19 日　　　　No.12349

领料用途	材料名称	单位	出库数量	实发数量	单价	金额								备注
						十	万	千	百	十	元	角	分	
	甲材料	公斤	1000	1000	20		2	0	0	0	0	0	0	

主管部门　　　　会计主管　　　　保管员　　　　领料人

33. 12 月 20 日，出售给黄河公司 A 产品 800 公斤，每公斤 50 元，税率 17%，款未收（附件 1 张：发票 1 张）。

南宁市增值税专用发票

3300053140　　　　发 票 联　　　　开票日期：*年 12 月 20 日

购货单位	名　　称：黄河公司 纳税人识别号：696778509 地 址、电 话： 开户行及账号：建行 123456			密码区	56 +2+2*1*7*<9+8+>50849/ /9-8399>226282*45*317 −4059/9/+0/573904*<70 8+5>*/<>>2-7*2<82>>+5	加密原本号：01 220065656215610 03465468368	
货物或应税劳务名称	规格型号	单位	数量	单价	金　额	税率	税　额
A 产品		公斤	800	50	40000	17%	6800
合　计							
价税合计（大写）	肆万陆仟捌佰元整					（小写）46800	
销货单位	名　　称： 纳税人识别号： 地 址、电 话： 开户行及账号：			备注			

收款人：　　　　复核：　　　　开票人：　　　　销货单位（章）

国税函 [2002] 559 号 东方公司

第三联：记账联 销货方记账凭证

34. 12 月 20 日，以银行存款支付水费 2000 元，其中车间耗用 1000 元，管理部门耗用 1000 元（附件 2 张：付款凭证和水费收据各 1 张）。

南宁市水务集团公司供水专用收据

No：00264578　　　　填开日期：2009 年 12 月 15 日

用户名称	东方公司				
用户地址	红星路 518 号				
上期抄度	本期抄度	用水量（T）	单价	金额	备注
1098	2098	1000	2.00	2000.00	
人民币 （大写）	贰仟元整				
收款单位 盖 章				收款人 盖章	银行代缴

地址：广场路 207 号　　　　收费监督电话：88576903　　　　维修电话：88278903

委托收款凭证（支款凭证）

委邮　　　　　　　　　　　　　　　　　　　　　　　　　　委托日期 2009 年 12 月 18 日

<table>
<tr><td rowspan="3">收款人</td><td>全称</td><td>市水务集团公司</td><td rowspan="3">付款人</td><td colspan="2">全称</td><td colspan="6">东方公司</td></tr>
<tr><td>账号</td><td>235194</td><td colspan="2">账号</td><td colspan="6">244-778</td></tr>
<tr><td>开户银行</td><td>交通银行</td><td colspan="2">开户银行</td><td colspan="6">工商银行</td></tr>
<tr><td rowspan="2">委收金额</td><td rowspan="2">人民币（大写）</td><td colspan="2" rowspan="2">贰仟元整</td><td>十</td><td>万</td><td>千</td><td>百</td><td>十</td><td>元</td><td>角</td><td>分</td></tr>
<tr><td></td><td>¥</td><td>2</td><td>0</td><td>0</td><td>0</td><td>0</td><td>0</td></tr>
<tr><td>款项内容</td><td>水费</td><td>委托收款名称</td><td>供水专用收据</td><td colspan="4">附寄单证张数</td><td colspan="4">1</td></tr>
<tr><td colspan="2">备注</td><td colspan="2">收款人开户行盖章</td><td colspan="8">科目（付）
对方科目（收）
转账 09 年 12 月 16 日
复核　　　　　　　记账</td></tr>
</table>

35. 12 月 20 日，银行转来付款通知，支付第 1 季度利息 3200 元（附件 1 张：付款通知 1 张）。

中国工商银行**市（分行）计付贷款利息清单

** 年 12 月 20 日

填号：122789

<table>
<tr><td colspan="6">单位名称：东方公司</td><td colspan="9">计息起讫日期：</td><td colspan="5">账号 244-778</td></tr>
<tr><td rowspan="2">账户名称</td><td colspan="10">计息总积数</td><td rowspan="2">利率</td><td colspan="7">利息金额</td><td rowspan="6">你单位上述贷款利息已从你单位账户支付盖章）</td></tr>
<tr><td>千</td><td>百</td><td>十</td><td>万</td><td>千</td><td>百</td><td>十</td><td>元</td><td>角</td><td>分</td><td>万</td><td>千</td><td>百</td><td>十</td><td>元</td><td>角</td><td>分</td></tr>
<tr><td></td><td></td><td></td><td></td><td></td><td></td><td></td><td></td><td></td><td></td><td></td><td></td><td>¥</td><td>3</td><td>2</td><td>0</td><td>0</td><td>0</td><td>0</td></tr>
<tr><td></td><td></td><td></td><td></td><td></td><td></td><td></td><td></td><td></td><td></td><td></td><td></td><td colspan="7"></td></tr>
<tr><td></td><td></td><td></td><td></td><td></td><td></td><td></td><td></td><td></td><td></td><td></td><td></td><td colspan="7"></td></tr>
<tr><td>合计</td><td></td><td></td><td></td><td></td><td></td><td></td><td></td><td></td><td></td><td></td><td></td><td colspan="7"></td><td></td></tr>
<tr><td>金额</td><td colspan="18">人民币（大写）　　　　叁仟贰佰元整</td><td></td></tr>
</table>

36. 12月21日，向东方公司购入甲材料100公斤，每公斤20元，增值税率17%，款未付，材料已验收入库（附件2张：发票和验收入库单各1张）。

全国统一发票监制章 国家税务总局监制

南宁市增值税专用发票

3300053140　　　　　　　　　　No.0063495

发　票　联　　　　开票日期：*年12月18日

国税函 [2009] 559号 东方公司

购货单位	名　　称：东方公司 纳税人识别号：123456789 地 址、电 话：红星路518号 86679899 开户行及账号：工行 244-778				密码区	+2+2*1*7*<9+8+>50849/ /9-8399>226282*45*317　加密原本号：01 −4059/9/+0/573904*<70　2200024140 8+5>*/<>>2-7*2<82>>+5　03132868		
货物或应税劳务名称	规格型号	单位	数量	单价	金　额	税率	税　额	
丙材料	Φ8-15	公斤	100	20.00	2000.00	17%	340.00	
合　计					￥2000.00		￥340.00	
价税合计（大写）	贰仟叁佰肆拾元整					（小写）￥2340.00		
销货单位	名　　称：东方公司 纳税人识别号：123459 地 址、电 话：东方路101号 88220033 开户行及账号：交通银行 129578				备注			

第二联：发票联 购货方记账凭证

收款人：　　复核：　　开票人：刘红　　销货单位（章）

收　料　单

收　料　日	工程填号	本单位名称	请购部门	订制单填号				
年　月　日	18		生产车间	0869				
会计科目	品　名　规　格	项次	材料名称	单　位	数量	单位	金　额	
原材料	Φ8-18		甲材料	公斤	100	20	2000	
备注		点　收	检　验	经　办　部　门				
				主　管	经　办			
		吴春天	赵　龙	王花海	朱　飞			

37. 12 月 21 日，王红出差回厂，报销差旅费 1200 元，扣除原借款 1000 元，以现金补付（附件 1 张：差旅费报销单 1 张）。

差旅费报销单

姓名：王红　　职务：销售经理　　2009 年 12 月 21 日　　单位：元

<table>
<tr><td colspan="2">起</td><td colspan="2">止</td><td colspan="7">车船费、旅馆费、交通费、补贴等</td><td rowspan="2">合计金额</td></tr>
<tr><td>月</td><td>日</td><td>月</td><td>日</td><td>火车费</td><td>汽车费</td><td>船费</td><td>旅馆费</td><td>会议费</td><td>补贴</td><td>杂费</td></tr>
<tr><td>12</td><td>18</td><td>12</td><td>21</td><td>100</td><td></td><td></td><td></td><td>1100</td><td></td><td></td><td>1200</td></tr>
<tr><td></td><td></td><td></td><td></td><td></td><td></td><td></td><td></td><td></td><td></td><td></td><td></td></tr>
<tr><td></td><td></td><td></td><td></td><td></td><td></td><td></td><td></td><td></td><td></td><td></td><td></td></tr>
<tr><td colspan="12">合计人民币：壹仟贰佰元整
（大写）</td></tr>
<tr><td colspan="2">部门审批</td><td colspan="4"></td><td colspan="2">主管领导审批</td><td colspan="4"></td></tr>
</table>

38. 12 月 22 日，将不用设备一台对外投资，该设备原值为 10000 元，已提折旧 2000 元，双方协商按账面净值投资（投资合同略）。

39. 12 月 24 日，向西北公司购入丙材料 1000 公斤，每公斤 5 元，增值税率 17%，材料尚未入库，货款以银存款支付（附件 2 张：付款凭证和发票各 1 张）。

委托收款凭证（支款凭证）

委邮　　委托日期 * 年　12　月　18　日

<table>
<tr><td rowspan="3">收款人</td><td>全称</td><td colspan="3">西北公司</td><td rowspan="3">付款人</td><td colspan="3">全称</td><td colspan="5">东方公司</td></tr>
<tr><td>账号</td><td colspan="3">129578</td><td colspan="3">账号</td><td colspan="5">244-778</td></tr>
<tr><td>开户银行</td><td>工行</td><td>行号</td><td>分行</td><td colspan="3">开户银行</td><td colspan="5">工商银行</td></tr>
<tr><td rowspan="2">委收金额</td><td rowspan="2">人民币（大写）</td><td colspan="4" rowspan="2">伍仟捌佰伍拾元整</td><td>十</td><td>万</td><td>千</td><td>百</td><td>十</td><td>元</td><td>角</td><td>分</td></tr>
<tr><td></td><td>¥</td><td>5</td><td>8</td><td>5</td><td>0</td><td>0</td><td>0</td></tr>
<tr><td>款项内容</td><td>货款</td><td colspan="2">委托收款凭据名称</td><td colspan="2">发货单及运单</td><td colspan="5">附寄单证张数</td><td colspan="3"></td></tr>
<tr><td colspan="2">备注</td><td colspan="4">上委托收款附有关单证请办理有关收款</td><td colspan="8">科目（收）
对方科目（付）
转账　　年　　月　　日</td></tr>
</table>

付款人开户行收到日期 09 年 12 月 24 日

南宁市增值税专用发票

3300053140　　　　　　　　　　　　　　　　No.0063496

发　票　联　　　　　　　　开票日期：*年 12 月 18 日

购货单位	名　　称：东方公司 纳税人识别号：123456789 地 址、电 话：红星路 518 号 86679899 开户行及账号：工行 244-778				密码区	+2+2*1*7*<9+8+>50849/ /9-8399>226282*45*317　加密原本号：01 -4059/9/+0/573904*<70　2200024140 8+5>*/<>>2-7*2<82>>+5　03132868		
货物或应税劳务名称	规格型号	单位	数量	单价	金　额	税率	税　额	
丙材料	Φ8-15	公斤	1000	5.00	5000.00	17%	850.00	
合　计					￥5000.00		￥850.00	
价税合计（大写）	伍仟捌佰伍拾元整					（小写）￥5850.00		
销货单位	名　　称：西北公司 纳税人识别号：12986734 地 址、电 话：西北路 101 号 88220033 开户行及账号：工行 129578				备注			

国税函［2002］559 号东方公司

第二联：发票联 购货方记账凭证

收款人：　　　复核：　　　开票人：刘红　　　销货单位（章）

40. 12 月 26 日，计提本月固定资产折旧 5000 元，其中车间固定资产折旧 3000 元，厂部固定资产折旧 2000 元。

固定资产折旧计算表

年　　月　　日

使用部门		原　值	月折旧率	折旧额
生产车间	房屋	200000	0.5%	
	设备	100000	2%	
管理部门	房屋	100000	0.5%	
	设备	75000	2%	
合计		475000		

41. 12月28日，支付本月短期借款100 000元的利息，年利率6%。

银行借款利息计提表

年　　月

贷款项目（名称）	金　额	月利率	应提利息
合　计			

制表：　　　　审核：翟逃　　　　记账：支天棚

42. 12月28日，支付应由本月负担的财产保险费1000元，其中车间500元，管理部门500元。

费用分配表

年　　月

项　目	报刊费	财产保险费	劳动保护费	合　计
车间				
管理部门				
合　计				

制表：　　　　审核：　　　　记账：

43. 12月30日，根据上年发放职工的福利情况及应缴纳的公积金和养老保险等，决定按工资总额的14%计提本月职工福利费（参考第25题）。

福利费用分配表

年　　月　　　　单位：元

应借账户		工资总额	福利费	合　计
生产成本	A产品			
	B产品			
	小计			
管理费用				
制造费用				
合计				

44. 12 月 30 日，按工时比例分配本月制造费用 9240 元，其中 A 产品工时为 800 小时，B 产品为 200 小时。

制造费用分配表

年 月 日

品 种	分配标准（小时）	分 配 率	分 配 金 额
A 产品			
B 产品			
合计			

45. 12 月 30 日，本月 A 产品 1400 件全部完工，结转本月完工产品成本。

完工产品成本计算表

年 月 日

成 本 项 目	A 产品		B 产品	
	总 成 本	单 位 成 本	总 成 本	单 位 成 本
直接材料				
直接人工				
制造费用				
合计				

46. 12 月 30 日，结转本月已销产品销售成本 61560 元。

47. 12 月 30 日，按 33%税率计提本月应交所得税。

所得税费用计提表

计 税 金 额	所 得 税 率	应交所得税费用
合 计		

48. 12 月 30 日，按本月各收入各支出转入“本年利润”账户。

各收支账户余额表

收入账户名称	金 额	支出账户名称	金 额

49. 12 月 30 日，按税后利润 15%计提盈余公积。

50. 12 月 30 日，将提取盈余公积后的利润余额全部作为应付投资者利润。

实训 4

记账凭证的整理与装订

一、实训目的

能整理记账凭证，能正确装订记账凭证。

二、实训内容

对实训 3 编制的记账凭证进行整理、装订。

三、实训准备

蓝（黑）笔、凭证封面和封底、装订机、装订线。

四、实训步骤与方法

1. 做好装订前的准备工作。
整理归纳各类原始凭证、记账凭证和科目汇总表。
2. 可以采用角订法或侧订法进行装订。
3. 教师点评。

实训 5

科目汇总表的编制

一、实训目的

能根据记账凭证进行汇总，编制科目汇总表。

二、实训内容

根据实训所填制的记账凭证编制科目汇总表。

三、实训准备

蓝（黑）笔、算盘或计算器，科目汇总表。

四、实训步骤与方法

1. 复习教材中科目汇总表的填制要求，了解其格式和特点。

2. 对实训所编制的通用记账凭证采用丁字账户方式进行汇总，确定各个会计科目的本期发生额。

3. 填制科目汇总表。

4. 教师点评。

实训练习

科目汇总表

年　　　月　　　日　　　　　　　　　　汇字　　　号

会计科目	过账	本期发生额		记账凭证起讫号数
		借方	贷方	
合　计				

科目汇总表

年　　　　月　　　　日　　　　　　　　　　　汇字　　　号

会计科目	过账	本期发生额		记账凭证起讫号数
		借方	贷方	
合　计				

科目汇总表

年　　月　　日　　　　　　　　汇字　　号

会计科目	过账	本期发生额		记账凭证起讫号数
		借方	贷方	
合　计				

实训 6

日记账的设置与登记

一、实训目的

能根据记账凭证正确登记现金日记账和银行存款日记账。

二、实训内容

根据实训 3 的结果登记日记账。

三、实训准备

1. 蓝（黑）笔、算盘或计算器。
2. 现金日记账、银行存款日记账账页。

四、实训步骤与方法

1. 熟悉教材有关日记账的格式及登记方法。
2. 根据实训 3 所编制凭证逐日逐笔登记现金日记账和银行存款日记账。

实训练习

库存现金日记账

年		凭证		对方科目	摘　要	借方金额	贷方金额	余　额	核对√
月	日	字	号						

库存现金日记账

年		凭证		对方科目	摘　要	借方金额	贷方金额	余　额	核对√
月	日	字	号						

银行存款日记账

开户银行：　　　　　　　　　　　账号：　　　　　　　　　　　第　　页

年		凭证		对方科目	摘　要	借方金额	贷方金额	余　额	核对√
月	日	字	号						

银行存款日记账

开户银行：　　　　　　　　　　　　账号：　　　　　　　　　　　　第　页

年		凭证		对方科目	摘　要	借方金额	贷方金额	余　额	核对√
月	日	字	号						

实训 7

明细账的设置与登记

一、实训目的

能根据记账凭证正确登记各种明细账。

二、实训内容

根据实训 3 口填制的记账凭证，登记各种明细账。

三、实训准备

1. 蓝（黑）笔、算盘或计算器。
2. 三栏式、数量金额式、多栏式账页。

四、实训步骤与方法

1. 熟悉教材有关各种明细账的格式及登记方法。
2. 根据实训 3 编制的记账凭证逐笔登记明细账。
3. 教师点评。

实训练习

总页 ______
分页 ______

______ 明细账

商品类别：　　　　品名：　　　　规格：　　　　计量单位：　　　　存放地点：

年		凭证		摘要	收入			发出			结存		
月	日	字	号		数量	单价	金额	数量	单价	金额	数量	单价	金额

总页 ______
分页 ______

______明细账

商品类别：　　　　品名：　　　　规格：　　　　计量单位：　　　　存放地点：

年		凭证		摘要	收入			发出			结存		
月	日	字	号		数量	单价	金额	数量	单价	金额	数量	单价	金额

总页 ______

分页 ______

______ 明细账

商品类别：　　　　品名：　　　　规格：　　　　计量单位：　　　　存放地点：

年		凭证		摘要	收入			发出			结存		
月	日	字	号		数量	单价	金额	数量	单价	金额	数量	单价	金额

总页 ______
分页 ______

______ 明细账

商品类别： 品名： 规格： 计量单位： 存放地点：

年		凭证		摘要	收入			发出			结存		
月	日	字	号		数量	单价	金额	数量	单价	金额	数量	单价	金额

总页 ______
分页 ______

______ 明细账

明细科目：______

年		凭证		摘要	借方	贷方	借或贷	余额
月	日	字	号					

总页 ______
分页 ______

______明细账

明细科目：______

年		凭证		摘要	借方	贷方	借或贷	余额
月	日	字	号					

总页 ______
分页 ______

______ 明细账

明细科目：

年		凭证		摘要	借方	贷方	借或贷	余额
月	日	字	号					

总页 ______
分页 ______

______明细账

明细科目：______

年		凭证		摘要	借方	贷方	借或贷	余额
月	日	字	号					

总页 ______
分页 ______

______ 明细账

明细科目：______

年		凭证		摘要	借方	贷方	借或贷	余额
月	日	字	号					

总页 ______
分页 ______

______ 明细账

明细科目：______

年		凭证		摘要	借方	贷方	借或贷	余额
月	日	字	号					

总页 ______
分页 ______

生产成本明细账

车间名称：　　　　　　　　产品名称：

年		凭证种类		摘要	直接材料	直接人工	制造费用	合计

总页 ______
分页 ______

生产成本明细账

车间名称：　　　　　　　　　　产品名称：

年		凭证种类		摘　要	直接材料	直接人工	制造费用	合　计

总页 ____
分页 ____

明细账

年		凭证		摘要	借方													贷方	余额
月	日	字	号																

总页 ______
分页 ______

明细账

年		凭证		摘要	借方													贷方	余额
月	日	字	号																

总页 ______

分页 ______

明细账

年		凭证		摘要	借方													贷方	余额
月	日	字	号																

总页 ______

分页 ______

______ 明细账

年		凭　证		摘要	借　方													贷方	余额
月	口	字	号																

总页 ______
分页 ______

明细账

年		凭证		摘要	借方													贷方	余额
月	日	字	号																

总页＿＿＿＿
分页＿＿＿＿

明细账

年		凭证		摘要	借方													贷方	余额
月	日	字	号																

实训 8

总分类账的设置与登记

一、实训目的

能根据记账凭证或科目汇总表正确登记总账。

二、实训内容

根据实训 5 所编制的科目汇总表登记总账。

三、实训准备

1. 蓝（黑）笔、算盘或计算器。
2. 总账账页。

四、实训步骤与方法

1. 熟悉教材有关总分类账的格式及登记方法。
2. 根据实训 5 所编制的科目汇总表登记总账。

知识点

总账一般采用三栏式，也可采用双栏式、棋盘式，除此之外，还可结合各种形式的汇总，而采用多栏式（例如日记总账）。其中三栏式是普遍采用的基本格式；双栏式仅适用于期末没有余额的虚账户（收入、费用等暂记性、过渡性账户）；棋盘式的分类账有利于体现账户间的对应关系，但账页庞大，工作量也很大，仅适用于业务量少、运用科目也少的企业。

实训练习

总　账

会计科目＿＿＿＿＿＿＿＿

年		凭证		对方科目	摘　要	借方金额	贷方金额	余　额	核对√
月	日	字	号						

总 账

会计科目____________

年		凭证		对方科目	摘 要	借方金额	贷方金额	余 额	核对√
月	日	字	号						

总　账

会计科目________________

年		凭证		对方科目	摘　要	借方金额	贷方金额	余　额	核对√
月	日	字	号						

总　账

会计科目________________

年		凭证		对方科目	摘　要	借方金额	贷方金额	余　额	核对√
月	日	字	号						

总　账

会计科目________________

年		凭证		对方科目	摘　要	借方金额	贷方金额	余　额	核对√
月	日	字	号						

实训 9

错账更正

一、实训目的

能根据会计基础工作规范要求采用正确的方法更正错账。

二、实训内容

根据实训 3 部分凭证及账簿资料，找出差错并采用正确的方法进行更正。

三、实训准备

蓝（黑）笔、算盘或计算器。

四、实训步骤与方法

1. 根据所给每一笔交易或事项所填制或取得的原始凭证，检查所填制的记账凭证和依据记账凭证所登记的账户记录是否正确。

2. 指出各错账适用的更正方法，并进行更正。

3. 教师点评。

知识点

一、划线更正法

在结账以前，如果发现账簿记录中的文字或数字错误，而记账凭证填制无错误，应采用画线更正法进行更正。更正时，先将错误的文字或数字全部画一条红线予以注销，使原有字迹仍可辨认，以备查考；然后将正确的文字或数字用蓝黑或黑字写在被注销的文字或数字上端，并由更正人员在更正处盖章，以示负责。应当注意，文字错误，可更正个别错字；数字错误，应将错误数字全额划掉，不得只更正个别错误位数字。例如：记账人员在根据记账凭证记账时，将 82,000 元误记为 28,000 元。正确的更正方法是，将错误数字 28,000 元全额用红线划掉，在其上方写上正确的数字。

二、红字更正法

红字更正法一般适用于以下两种情况。

1. 记账以后，发现记账凭证中的应借、应贷科目有错误（不管应借、应贷的金额是否正确），应采用红字更正法予以更正。

2. 在记账以后，发现记账凭证应借、应贷科目并无错误，只是记帐凭证和账簿中的所记金额大于应记金额，也应采用红字更正法予以更正。

三、补充登记法

在记账以后，如果发现记账凭证中应借、应贷会计科目并无错误，只是记账凭证和账簿中的所记金额小于应记金额时，应采用补充登记法予以更正。

实训 10

对　　账

一、实训目的

能根据对账的内容和方法，学会编制总账与明细账发生额及余额对照表、实存账存对比表和银行存款余额调节表。

二、实训内容

根据下面给定材料进行对账工作。

三、实训准备

蓝（黑）笔、算盘或计算器，银行存款余额调节表。

四、实训步骤与方法

1. 熟悉账证核对、账账核对、账实核对的相关知识与技能。
2. 根据资料编制总分类账与明细分类账发生额与余额对照表。
3. 编制银行余额调节表。
4. 编制材料账存实存对照表。
5. 教师点评。

实训练习

练习银行存款余额调节表的编制。

一、资料：东方公司 2009 年 11 月份银行存款日记账余额为 33736 元，开户银行对账单的余额为 26708 元。经逐笔核对，发现有如下未达账项。

1. 公司开出现金支票，金额为 1800 元，用于支付仓库租金，持票人尚未提现。

2. 公司因销售产品收到转账支票 1 张，金额 9700 元，已交存开户银行，但开户银行尚未划回票款。

3. 银行代收外地企业汇来货款 2192 元，公司未收到收账通知。

4. 银行代公司支付水电费 1320 元，公司未收到付款通知。

二、根据以上资料，编制银行存款余额调节表。

银行存款余额调节表

项　目	金　额	项　目	金　额
银行存款日记账余额 加：银行已收企业未收 减：银行已付企业未付 调整后余额		银行对账单余额 加：企业已收银行未收 减：企业已付银行未付 调整后余额	

实训 11

结　账

一、实训目的

能按照期末结账的基本要求和基本方法，办理月末、年末结账手续以及新会计年度更换新账。

二、实训内容

根据东方公司 2009 年 12 月份有关日记账、明细账和总账办理结账。

三、实训准备

蓝（黑）笔、算盘或计算器。

四、实训步骤与方法

1. 熟悉结账的内容与程序，掌握月结与年结结账手续和更换新账的技能。
2. 根据所给账簿对日记账、明细账、总账办理月末、年末结账手续。
3. 更换新账。
4. 教师点评。

知识点

1. 月末，应汇总结算账户记录中的本期发生额和期末余额，据此编制会计报表。月度结账时，需要在摘要栏写“本月合计”，然后在下面通栏划单红线。月度结账并不要求对所有账户都结出累计数额，一般是会计根据需要结出某些账户的“本月累计”，它结记在“本月合计”的次行，下面再通栏画单红线。

2. 12 月末，在摘要栏写“本年累计”，然后在下面通栏画双红线。

实训 12

资产负债表的编制

一、实训目的

能初步根据账簿资料编制资产负债表。

二、实训内容

根据东方公司2009年12月31日全部总账账户及有关明细账账户的期末余额编制资产负债表。

三、实训准备

1. 蓝（黑）笔、算盘或计算器。
2. 资产负债表。

四、实训步骤与方法

1. 熟悉资产负债表的内容和格式，掌握资产负债表的编制原理与方法。
2. 根据所给账簿资料试算平衡。
3. 根据总账及有关明细账期末余额计算填列资产负债表各项目金额，完成资产负债表的编制工作。
4. 教师点评。

实训练习

资产负债表　　　　会企 01 表

编制单位：　　　　年　　月　　日　　　　单位：元

资　　产	年初数	期末数	负债和所有者权益（或股东权益）	年初数	期末数
流动资产：			**流动负债：**		
货币资金			短期借款		
交易性金融资产			交易性金融负债		
应收票据			应付票据		
应收账款			应付账款		
预付账款			预收账款		
应收利息			应付职工薪酬		
应收股利			应交税费		
其他应收款			应付利息		
存货			应付股利		
一年内到期的非流动资产			其他应付款		
流动资产合计			一年内到期的非流动负债		
非流动性资产：			流动负债合计		
可供出售金融资产			**非流动流动负债：**		
持有至到期投资			长期借款		
长期应收款			应付债券		
长期股权投资			长期应付款		
投资性房地产			专项应付款		
固定资产			预计负债		
在建工程			递延所得税负债		
工程物资			其他非流动负债		
固定资产清理			非流动负债合计		
生产性生物资产			负债合计		
油气资产			**所有者权益（或股东权益）：**		
无形资产			实收资本（或股本）		
开发支出			资本公积		
商誉			减：库存股		
长期待摊费用			盈余公积		
递延所得税资产			未分配利润		
其他非流动资产			所有者权益（或股东权益）合计		
非流动资产合计					
资产总计：			负债和所有者权益（或股东权益）总计		

实训 13

利润表的编制

一、实训目的

在理解利润表编制原理的基础上，能初步编制利润表。

二、实训内容

根据东方公司 2009 年 12 月份有关损益类账户编制利润表。

三、实训准备

蓝（黑）笔、算盘或计算器，利润表。

四、实训步骤与方法

1. 熟悉利润表的内容和格式，掌握利润表的编制原理与方法。
2. 根据所给账簿资料编制利润表。
3. 教师点评。

实训练习

利　　润　　表

会企　　　02 表

编制单位：　　　　　　　　　　　年　　月　　　　　　　　　　　单位：元

项　　目	附　　注	本期金额	上期金额
一、营业收入			
减：营业成本			
营业税金及附加			
销售费用			
管理费用			
财务费用			
资产减值损失			
加：公允价值变动收益（损失以“–”号填列）			
投资收益（损失以“–”号填列）			
其中：对联营企业和合营企业的投资收益			
二、营业利润（亏损以“–”号填列）			
加：营业外收入			
减：营业外支出			
其中：非流动资产处置净损失			
三、利润总额（亏损总额以“–”号填列）			
减：所得税费用			
四、净利润（净亏损以“–”号填列）			

附录A

实训测试

一、单项选择题

1. 会计凭证按其（　　）不同，可分为原始凭证和记账凭证。

A. 填制方式　　B. 反映经济业务的内容

C. 填制的程序和用途　　D. 格式

2. 下列属于累计原始凭证的是（　　）。

A. 收料单　　B. 领料单

C. 发货单　　D. 限额领料单

3. 下列属于汇总原始凭证的是（　　）。

A. 限额领料单　　B. 差旅费报销单

C. 发料凭证汇总表　　D. 发货单

4. 原始凭证金额如有错误，应当（　　）。

A. 用红字更正法更正　　B. 用划线更正法更正

C. 用蓝字更正法更正　　D. 由原出具单位重新开具

5. 多栏式银行存款日记账属于（　　）。

A. 备查账　　B. 序时账

C. 总分类账　　D. 明细分类账

6. 从银行提取现金，登记现金日记账的依据是（　　）。

A. 现金付款凭证　　B. 现金收款凭证

C. 银行付款凭证　　D. 银行收款凭证

7. 将现金存入银行，应编制（　　）。

A. 现金付款凭证　　B. 现金收款凭证

C. 银行付款凭证　　D. 银行收款凭证

8. 现金日记账和银行存款日记账应采用（　　）。

A. 订本账　　B. 活页账

C. 卡片账　　D. 备查账

9. 结账时主要是计算账户本期的（　　）。

A. 发生额合计　　B. 期末余额合计

C. 借贷发生额合计　　D. 发生额合计和期末余额

10. 发现一张记账凭证的会计科目、方向正确，但所记金额小于实际金额，并已登记入账，应采用（　　）。

A. 画线更正法 B. 红字更正法

C. 补充登记法 D. 画线更正法或红字更正法

二、多项选择题

1. 账簿按其用途可以分为（ ）。

A. 序时账簿 B. 分类账簿

C. 多栏式账簿 D. 备查账簿

2. 在会计实务中，下列账簿通常采用订本账的有（ ）。

A. 应收账款明细账 B. 固定资产总账

C. 银行存款日记账 D. 现金日记账

3. 下列账簿中可采用多栏式账页格式的有（ ）。

A. 生产成本明细账 B. 材料采购明细账

C. 管理费用明细账 D. 主营业务收入明细账

4. 银行存款日记账的登账依据有（ ）。

A. 现金收款凭证 B. 现金付款凭证

C. 银行收款凭证 D. 银行付款凭证

5、若出现记账错误，正确的更正方法是（ ）。

A. 画线更正法 B. 平行登记法

C. 红字更正法 D. 补充登记法

6. 下列账簿中，应采用数量金额式账簿的有（ ）。

A. 应收账款明细账 B. 原材料明细账

C. 库存商品明细账 D. 固定资产明细账

7. 下列符合登记账簿要求的有（ ）。

A. 可以用圆珠笔记账 B. 应按页逐行登记，不得隔页跳行

C. 日记账要逐日逐笔登记 D. 所有账目都应逐日逐笔登记

8. 在登记账簿工作中，红色墨水可用于（ ）。

A. 冲销错误记录 B. 在不设借贷栏的多栏式账页中登记减少数

C. 对账 D. 结账画线

9. 在总账和明细账平行登记时，应遵循（ ）几项要点。

A. 同时期登记 B. 同时点登记

C. 同方向登记 D. 同金额登记

10. 下列对账工作中，属于账账核对的有（ ）。

A. 银行存款日记账与银行对账单的核对

B. 总账账户与所属明细账户的核对

C. 应收款项明细账与债务人账项的核对

D. 会计部门的财产物资明细账与财产物资保管、使用部门明细账的核对

三、判断题

1. 原始凭证仅是填制记账凭证的依据，记账凭证才是登记账簿的依据。（ ）

2. 企业每项经济业务的发生都必须从外部取得原始凭证。(　　)

3. 在证明经济业务发生，据以填制记账凭证的作用方面，自制原始凭证与外来原始凭证具有同等的效力。(　　)

4. 不能证明经济业务发生或完成情况的单证，不能作为原始凭证。(　　)

5. 自制原始凭证是单位会计人员自行填制的原始凭证。(　　)

6. 审核无误的原始凭证是登记账簿的直接依据。(　　)

7. 收付款记账凭证既是出纳人员收付款的依据，也是登记总账、现金和银行存款日记账及有关明细账的依据。(　　)

8. 所有记账凭证都必须附有原始凭证并如实填写所附原始凭证的张数。(　　)

9. 多栏式总分类账是指把所有的总账科目集中在一张账页上。(　　)

10. 账簿是重要的经济档案和历史资料，必须长期保存，不得销毁。(　　)

四、综合实训题

1. 测试目的：练习现金日记账的设置与登记。

资料：2009 年 10 月 1 日，某公司现金日记账的月初余额为 960 元，该公司 10 月份发生下列有关涉及现金收付的经济业务。

（1）2 日，车间技术人员王英借支差旅费 300 元，以现金支付。

（2）3 日，下属车间厂长何涛预借差旅费 600 元，以现金支付。

（3）5 日，开出现金支票，从银行提取现金 850 元备用（银付凭证为 8 号）。

（4）10 日，以现金购买财务科办公用品 100 元。

（5）13 日，以现金支付销售部门设备修理费 170 元。

（6）14 日，财务科购买会计资料 180 元，用现金支付。

（7）15 日，开出现金支票，从银行提取现金 29000 元，备发工资（银付凭证为 39 号）。

（8）16 日，以现金 29000 元发放工资。

（9）20 日，用现金支付职工王丽生活困难补助费 300 元。

（10）22 日，开出现金支票，从银行提取现金 800 元备用（银付凭证为 56 号）。

（11）25 日，以现金支付行政人员办公电话费 100 元。

（12）30 日，车间技术员王英报销差旅费 360 元，以现金补付 60 元（转账凭证为 70 号）。

要求：（1）建立现金日记账。

（2）根据以上经济业务，编制会计分录，填制记账凭证，登记现金日记账，并结账。

库存现金日记账

2009年		凭证		摘要	借方	贷方	借或贷	余额
月	日	字	号					
10	1			月初余额			借	960.00

2. 测试目的：练习错账的更正方法。

资料：某企业将账簿与记账凭证进行核对，发现下列经济业务的凭证内容或账簿记录有误。

（1）用现金支付管理部门零星购置费79元。原记账凭证如下。

借：管理费用-办公费　　　　79

贷：库存现金　　　　　　　79

但现金日记账中现金支出栏里记录为97元。

				9	7

（2）签发转账支票4000元，用于支付企业生产车间水电费，原记账凭证如下。

借：管理费用-水电费　　　　400

贷：银行存款　　　　　　　400

（3）签发转账支票6000元，用于偿还所欠货款。原记账凭证如下。

借：应付账款-物资公司　　　9000

贷：银行存款　　　　　　　9000

要求：根据以上经济业务的账务处理，判断应如何进行更正，并写出更正方法和正确的分录。

3. 测试目的：记账凭证填制、各种分类账的设置与登记。

资料：某企业 2009 年 12 月发生的部分经济业务事项如下。

（1）1 日，接受外商 A 公司投入机器设备一套，评估确认价值 680000 元。

（2）4 日，向银行申请取得为期三年借款 300000 元，存入银行。

（3）6 日，向 B 公司购入甲材料 3000 千克，每千克 20 元，共计货款 60000 元，增值税 10200 元。材料已验收入库，款项以银行存款支付。

（4）8 日，以银行存款支付产品广告费 8000 元。

（5）10 日，以银行存款交纳上月增值税 87000 元，城市维护建设税 6090 元，所得税 31000 元，教育费附加 2610 元。

（6）12 日，销售给 C 公司甲 1000 元，每件售价 380 元，共计货款 380000 元，增值税 64600 元。产品已发出，货款尚未收到。

（7）15 日，出纳员签发现金支票提取现金 2000 元备用。

（8）18 日，以银行存款购买不需安装的机器设备一台，价款 32000 元。

（9）20 日，采购员王林出差预借差旅费 500 元，以现金支付。

（10）22 日，收到 D 公司上月所欠货款 30000 元，存入银行。

（11）23 日，收到 12 日 C 公司所欠货款 444600 元，存入银行。

（12）25 日，以现金支付办公用品费 440 元，其中生产车间 200 元，行政管理部门 240 元。

（13）26 日，以现金支付业务招待费 1500 元。

（14）30 日，结转本月职工工资 149200 元，其中生产甲产品工人工资 47700 元，生产 B 产品工人工资 60300 元，车间管理人员工资 5500 元，行政管理人员工资 35700 元。

要求：根据资料建立分类账、编写会计分录，填制记账凭证，登记账簿（账簿略）。

附录B 实训测试答案

一、单项选择题

1. C　　2. D　　3. C　　4. D　　5. B
6. C　　7. A　　8. A　　9. D　　10. C

二、多项选择题

1. ABD　　2. CD　　3. ABCD　　4. BCD　　5. ACD
6. BC　　7. BC　　8. ABD　　9. ACD　　10. BD

三、判断题

1. ×　　2. ×　　3. ✓　　4. 　　5. ×
6. ×　　7. ✓　　8. ×　　9. ✓　　10. ✓

四、综合实训题

1. 测试一答案

(1)现付1	借：其他应收款-王英	300
	贷：库存现金	300
(2)现付2	借：其他应收款-何涛	600
	贷：库存现金	600
(3)银付8	借：库存现金	850
	贷：银行存款	850
(4)现付3	借：管理费用-办公费	100
	贷：库存现金	100
(5)现付4	借：管理费用-修理费	170
	贷：库存现金	170
(6)现付5	借：管理费用-办公费	180
	贷：库存现金	180
(7)银付39	借：库存现金	29000
	贷：银行存款	29000
(8)现付6	借：应付职工薪酬-工资	29000
	贷：库存现金	29000
(9)现付7	借：应付职工薪酬-职工福利	300
	贷：库存现金	300
(10)银付56	借：库存现金	800

贷：银行存款　　800

（11）现付8　借：管理费用-办公费　　100

贷：库存现金　　100

（12）现付9　借：制造费用-差旅费　　60

贷：库存现金　　60

转70　借：制造费用-差旅费　　300

贷：其他应收款-王英　　300

（记账凭证略）

库存现金日记账

2009年		凭证		摘要	借方	贷方	借或贷	余额
月	日	字	号					
10	1			月初余额			借	960.00
	2	现付	1	王英借支差旅费		300.00	借	660.00
	3	现付	2	何涛借支差旅费		600.00	借	60.00
	5	银付	5	提现备用	850.00		借	910.00
	10	现付	3	财务科购买办公用品		100.00	借	810.00
	13	现付	4	支付行政部门修理费		170.00	借	640.00
	14	现付	5	财务科购买会计资料		180.00	借	460.00
	15	银付	39	提现备发工资	29000.00		借	29460.00
	16	现付	6	发放工资		29000.00	借	460.00
	20	现付	7	支付马丽生活困难补助费		300.00	借	160.00
	22	银付	56	提现备用	800.00		借	960.00
	25	现付	8	支付行政人员电话费		60.00	借	900.00
	30	现付	9	补付何涛差旅费		60.00	借	840.00
	30			本月合计	30650.00	30770.00	借	840.00

2. 测试二答案

（1）使用画线更正法，即用红字在账簿上将有错金额97中间画横线，再使用黑字在上方空白处写上正确的金额79。

（2）使用补充登记法

借：管理费用-水电费　　3600

贷：银行存款　　3600

（3）使用红字登记法

借：应付账款-物资公司　　3000

贷：银行存款　　3000

3. 测试三答案（账簿略）

（1）借：固定资产－生产用固定资产　　680000

贷：实收资本－A 公司　680000

（2）借：银行存款　300000

贷：长期借款　300000

（3）借：原材料－甲材料　60000

应交税费－应交增值税（进项税额）　10200

贷：银行存款　70200

（4）借：销售费用－广告费　8000

贷：银行存款　8000

（5）借：应交税费－未交增值税　87000

－应交城建税　6090

－未交所得税　31000

－应交教育费附加　2610

贷：银行存款　126700

（6）借：应收账款－C 公司　444600

贷：主营业务收入－A 产品　380000

应交税费－应交增值税（销项税额）　64600

（7）借：库存现金　2000

贷：银行存款　2000

（8）借：固定资产－生产用固定资产　32000

贷：银行存款　32000

（9）借：其他应收款－王林　500

贷：库存现金　500

（10）借：银行存款　30000

贷：应收账款－D 公司　30000

（11）借：银行存款　444600

贷：应收账款－C 公司　444600

（12）借：制造费用－办公费　200

管理费用－办公费　240

贷：库存现金　440

（13）借：管理费用－业务招待费　1500

贷：库存现金　1500

（14）借：生产成本－A 产品（直接人工）　47700

－B 产品（直接人工）　60300

制造费用－工资费　5500

管理费用－工资费　35700

贷：应付职工薪酬－工资　149200

附录 C

新旧会计科目对照表

顺序号	编号	新会计准则使用科目	原会计制度使用科目	核算内容
		一、资产类		
1	1001	库存现金	现金	企业的库存现金
2	1002	银行存款	银行存款	企业存入银行或其他金融机构的各种款项
3	1003	存放中央银行款项	※	企业（银行）存放于中国人民银行（以下简称“中央银行”）的各种款项，包括业务资金的调拨、办理同城票据交换和异地跨系统资金汇划、提取或缴存现金等
4	1011	存放同业	※	企业（银行）存放于境内、境外银行和非银行金融机构的款项
5	1012	其他货币资金	其他货币资金	企业的银行汇票存款、银行本票存款、信用卡存款、信用证保证金存款、存出投资款、外埠存款等其他货币资金
6	1021	结算备付金	※	企业（证券）为证券交易的资金清算与交收而存入指定清算代理机构的款项。企业（证券）向客户收取的结算手续费、向证券交易所支付的结算手续费
7	1031	存出保证金	※	企业（金融）因办理业务需要存出或交纳的各种保证金款项
8	1101	交易性金融资产	短期投资	企业为交易目的所持有的债券投资、股票投资、基金投资等交易性金融资产的公允价值
9	1111	买入返售金融资产	※	企业（金融）按照返售协议约定先买入再按固定价格返售的票据、证券、贷款等金融资产所融出的资金
10	1121	应收票据	应收票据	企业因销售商品、提供劳务等而收到的商业汇票，包括银行承兑汇票和商业承兑汇票
11	1122	应收账款	应收账款	企业因销售商品、提供劳务等经营活动应收取的款项
12	1123	预付账款	预付账款	企业按照合同规定预付的款项。预付款项情况不多的，也可以不设置本科目，将预付的款项直接记入“应付账款”科目
13	1131	应收股利	应收股利	企业应收取的现金股利和应收取其他单位分配的利润

续表

顺序号	编号	新会计准则使用科目	原会计制度使用科目	核算内容
14	1132	应收利息	应收利息	企业交易性金融资产、持有至到期投资、可供出售金融资产、发放贷款、存放中央银行款项、拆出资金、买入返售金融资产等应收取的利息
15	1201	应收代位追偿款	其他应收款	企业（保险）按照原保险合同约定承担赔付保险金责任后确认的代位追偿款
16	1211	应收分保账款	※	企业（保险）从事再保险业务应收取的款项
17	1212	应收分保合同准备金	※	企业（再保险分出人）从事再保险业务确认的应收分保未到期责任准备金，以及应向再保险接受人摊回的保险责任准备金
18	1221	其他应收款	※	企业除存出保证金、买入返售金融资产、应收票据、应收账款、预付账款、应收股利、应收利息、应收代位追偿款、应收分保账款、应收分保合同准备金、长期应收款等以外的其他各种应收及暂付款项
19	1231	坏账准备	坏账准备	企业应收款项的坏账准备
20	1301	贴现资产	※	企业（银行）办理商业票据的贴现、转贴现等业务所融出的资金
21	1302	拆出资金	※	企业（金融）拆借给境内、境外其他金融机构的款项
22	1303	贷款	※	企业（银行）按规定发放的各种客户贷款
23	1304	贷款损失准备	※	企业（银行）贷款的减值准备。计提贷款损失准备的资产包括贴现资产、拆出资金、客户贷款、银团贷款、贸易融资、协议透支、信用卡透支、转贷款和垫款等
24	1311	代理兑付证券	※	企业（证券、银行等）接受委托代理兑付到期的证券
25	1321	代理业务资产	※	企业不承担风险的代理业务形成的资产
26	1401	材料采购	物资采购	企业采用计划成本进行材料日常核算而购入材料的采购成本
27	1402	在途物资	在途物资	企业采用实际成本（或进价）进行材料、商品等物资的日常核算、货款已付尚未验收入库的在途物资的采购成本
28	1403	原材料	原材料	企业库存的各种材料
29	1404	材料成本差异	材料成本差异	企业采用计划成本进行日常核算的材料计划成本与实际成本的差额
30	1405	库存商品	库存商品	企业库存的各种商品的实际成本（或进价）或计划成本（或售价）

续表

顺序号	编号	新会计准则使用科目	原会计制度使用科目	核算内容
31	1406	发出商品	分期收款发出商品	企业未满足收入确认条件但已发出商品的实际成本（或进价）或计划成本（或售价）
32	1407	商品进销差价	商品进销差价	企业采用售价进行日常核算的商品售价与进价之间的差额
33	1408	委托加工物资	委托加工物资	企业委托外单位加工的各种材料、商品等物资的实际成本
34	1411	周转材料	包装物、低值易耗品	企业周转材料的计划成本或实际成本
35	1421	消耗性生物资产	※	企业（农业）持有的消耗性生物资产的实际成本
36	1431	贵金属	※	企业（金融）持有的黄金、白银等贵金属存货的成本
37	1441	抵债资产	※	企业（金融）依法取得并准备按有关规定进行处置的实物抵债资产的成本
38	1451	损余物资	※	企业（保险）按照原保险合同约定承担赔偿保险金责任后取得的损余物资成本
39	1461	融资租赁资产	※	企业（租赁）为开展融资租赁业务取得资产的成本
40	1471	存货跌价准备	存货跌价准备	企业存货的跌价准备
41	1501	持有至到期投资	※	企业持有至到期投资的摊余成本
42	1502	持有至到期投资减值准备	※	企业持有至到期投资的减值准备
43	1503	可供出售金融资产	※	企业持有的可供出售金融资产的公允价值
44	1511	长期股权投资	长期股权投资	企业持有的采用成本法和权益法核算的长期股权投资
45	1512	长期股权投资减值准备	长期投资减值准备	企业长期股权投资的减值准备
46	1521	投资性房地产	※	企业采用成本模式计量的投资性房地产的成本
47	1531	长期应收款	长期应收款	企业的长期应收款项
48	1532	未实现融资收益	※	企业分期计入租赁收入或利息收入的未实现融资收益
49	1541	存出资本保证金	※	企业（保险）按规定比例缴存的资本保证金
50	1601	固定资产	固定资产	企业持有的固定资产原价
51	1602	累计折旧	累计折旧	企业固定资产的累计折旧
52	1603	固定资产减值准备	固定资产减值准备	企业固定资产的减值准备
53	1604	在建工程	在建工程	企业基建、更新改造等在建工程发生的支出

续表

顺序号	编号	新会计准则使用科目	原会计制度使用科目	核 算 内 容
54	1605	工程物资	工程物资	企业为在建工程准备的各种物资的成本
55	1606	固定资产清理	固定资产清理	企业因出售、报废、毁损、对外投资、非货币性资产交换、债务重组等原因转出的固定资产价值以及在清理过程中发生的费用等
56	1611	未担保余值	※	企业（租赁）采用融资租赁方式租出资产的未担保余值
57	1621	生产性生物资产	※	企业（农业）持有的生产性生物资产原价
58	1622	生产性生物资产累计折旧	※	企业（农业）成熟生产性生物资产的累计折旧
59	1623	公益性生物资产	※	企业（农业）持有的公益性生物资产的实际成本
60	1631	油气资产	※	企业（石油天然气开采）持有的矿区权益和油气井及相关设施的原价
61	1632	累计折耗	※	企业（石油天然气开采）油气资产的累计折耗
62	1701	无形资产	无形资产	企业持有的无形资产成本，包括专利权、非专利技术、商标权、著作权、土地使用权等
63	1702	累计摊销	※	企业对使用寿命有限的无形资产计提的累计摊销
64	1703	无形资产减值准备	无形资产减值准备	企业无形资产的减值准备
65	1711	商誉	※	企业合并中形成的商誉价值
66	1801	长期待摊费用	长期待摊费用	企业已经发生但应由本期和以后各期负担的分摊期限在 1 年以上的各项费用，如以经营租赁方式租入的固定资产发生的改良支出等
67	1811	递延所得税资产	递延所得税	企业确认的可抵扣暂时性差异产生的递延所得税资产
68	1821	独立账户资产	※	企业（保险）对分拆核算的投资连结产品不属于风险保障部分确认的独立账户资产价值
69	1901	待处理财产损溢	待处理财产损溢	企业在清查财产过程中查明的各种财产盘盈、盘亏和毁损的价值。物资在运输途中发生的非正常短缺与损耗，也通过本科目核算
		二、负债类		
70	2001	短期借款	短期借款	企业向银行或其他金融机构等借入的期限在 1 年以下（含 1 年）的各种借款
71	2002	存入保证金	※	企业（金融）收到客户存入的各种保证金
72	2003	拆入资金	※	企业（金融）从境内、境外金融机构拆入的款项
73	2004	向中央银行借款	※	企业（银行）向中央银行借入的款项

续表

顺序号	编号	新会计准则使用科目	原会计制度使用科目	核算内容
74	2011	吸收存款	※	企业（银行）吸收的除同业存放款项以外的其他各种存款
75	2012	同业存放	※	企业（银行）吸收的境内、境外金融机构的存款
76	2021	贴现负债	※	企业（银行）办理商业票据的转贴现等业务所融入的资金
77	2101	交易性金融负债	※	企业承担的交易性金融负债的公允价值
78	2111	卖出回购金融资产款	※	企业（金融）按照回购协议先卖出再按固定价格买入的票据、证券、贷款等金融资产所融入的资金
79	2201	应付票据	应付票据	企业购买材料、商品和接受劳务供应等开出、承兑的商业汇票，包括银行承兑汇票和商业承兑汇票
80	2202	应付账款	应付账款	企业因购买材料、商品和接受劳务等经营活动应支付的款项
81	2203	预收账款	预收账款	企业按照合同规定预收的款项
82	2211	应付职工薪酬	应付工资	企业根据有关规定应付给职工的各种薪酬。本科目可按“工资”、“职工福利”、“社会保险费”、“住房公积金”、“工会经费”、“职工教育经费”、“非货币性福利”、“辞退福利”、“股份支付”等进行明细核算
83	2221	应交税费	应交税金	企业按照税法等规定计算应交纳的各种税费
84	2231	应付利息	应付利息	企业按照合同约定应支付的利息
85	2232	应付股利	应付股利	企业分配的现金股利或利润
86	2241	其他应付款	其他应付款	企业除应付票据、应付账款、预收账款、应付职工薪酬、应付利息、应付股利、应交税费、长期应付款等以外的其他各项应付、暂收的款项
87	2251	应付保单红利	※	企业（保险）按原保险合同约定应付未付投保人的红利
88	2261	应付分保账款	※	企业（保险）从事再保险业务应付未付的款项
89	2311	代理买卖证券款	※	企业（证券）接受客户委托，代理客户买卖股票、债券和基金等有价证券而收到的款项
90	2312	代理承销证券款	※	企业（金融）接受委托，采用承购包销方式或代销方式承销证券所形成的、应付证券发行人的承销资金
91	2313	代理兑付证券款	※	企业（证券、银行等）接受委托代理兑付证券收到的兑付资金

续表

顺序号	编号	新会计准则使用科目	原会计制度使用科目	核 算 内 容
92	2314	代理业务负债	※	企业不承担风险的代理业务收到的款项，包括受托投资资金、受托贷款资金等
93	2401	递延收益	※	企业确认的应在以后期间计入当期损益的政府补助
94	2501	长期借款	长期借款	企业向银行或其他金融机构借入的期限在 1 年以上（不含 1 年）的各项借款
95	2502	应付债券	应付债券	企业为筹集（长期）资金而发行债券的本金和利息
96	2601	未到期责任准备金	※	企业（保险）提取的非寿险原保险合同未到期责任准备金
97	2602	保险责任准备金	※	企业（保险）提取的原保险合同保险责任准备金
98	2611	保户储金	※	企业（保险）收到投保人以储金本金增值作为保费收入的储金
99	2621	独立帐户负债	※	企业（保险）对分拆核算的投资连结产品不属于风险保障部分确认的独立账户负债
100	2701	长期应付款	长期应付款	企业除长期借款和应付债券以外的其他各种长期应付款项
101	2702	未确认融资费用	※	企业应当分期计入利息费用的未确认融资费用
102	2711	专项应付款	专项应付款	企业取得政府作为企业所有者投入的具有专项或特定用途的款项
103	2801	预计负债	预计负债	企业确认的对外提供担保、未决诉讼、产品质量保证、重组义务、亏损性合同等预计负债
103	2801	预计负债	预计负债	企业确认的对外提供担保、未决诉讼、产品质量保证、重组义务、亏损性合同等预计负债
104	2901	递延所得税负债	递延长税款	企业确认的应纳税暂时性差异产生的所得税负债
		三、共同类		
105	3001	清算资金往来	※	企业（银行）间业务往来的资金清算款项
106	3002	货币兑换	※	企业（金融）采用分账制核算外币交易所产生的不同币种之间的兑换
107	3101	衍生工具	※	企业衍生工具的公允价值及其变动形成的衍生资产或衍生负债
108	3201	套期工具	※	企业开展套期保值业务（包括公允价值套期、现金流量套期和境外经营净投资套期）套期工具公允价值变动形成的资产或负债
109	3202	被套期项目	※	企业开展套期保值业务被套期项目公允价值变动形成的资产或负债

续表

顺序号	编号	新会计准则使用科目	原会计制度使用科目	核算内容
		四、所有者权益		
110	4001	实收资本	实收资本（股本）	企业接受投资者投入的实收资本。股份有限公司应将本科目改为“4001 股本”科目
111	4002	资本公积	资本公积	企业收到投资者出资额超出其在注册资本或股本中所占份额的部分
112	4101	盈余公积	盈余公积	企业从净利润中提取的盈余公积
113	4102	一般风险准备	※	企业（金融）按规定从净利润中提取的一般风险准备
114	4103	本年利润	本年利润	企业当期实现的净利润（或发生的净亏损）
115	4104	利润分配	利润分配	企业利润的分配（或亏损的弥补）和历年分配（或弥补）后的余额
116	4201	库存股	※	企业收购、转让或注销的本公司股份金额
		五、成本类		
117	5001	生产成本	生产成本	企业进行工业性生产发生的各项生产成本
118	5101	制造费用	制造费用	企业生产车间（部门）为生产产品和提供劳务而发生的各项间接费用
119	5201	劳务成本	劳务成本	企业对外提供劳务发生的成本
120	5301	研发支出	※	企业进行研究与开发无形资产过程中发生的各项支出
121	5401	工程施工	※	企业（建造承包商）实际发生的合同成本和合同毛利
122	5402	工程结算	※	企业（建造承包商）根据建造合同约定向业主办理结算的累计金额
123	5403	机械作业	※	企业（建造承包商）及其内部独立核算的施工单位、机械站和运输队使用自有施工机械和运输设备进行机械作业（包括机械化施工和运输作业等）所发生的各项费用
		六、损益类		
124	6001	主营业务收入	主营业务收入	企业确认的销售商品、提供劳务等主营业务的收入
125	6011	利息收入	利息收入	企业（金融）确认的利息收入
126	6021	手续费及佣金收入	※	企业（金融）确认的手续费及佣金收入
127	6031	保费收入	※	企业（保险）确认的保费收入
128	6041	租赁收入	※	企业（租赁）确认的租赁收入
129	6051	其他业务收入	其他业务收入	企业确认的除主营业务活动以外的其他经营活动实现的收入

续表

顺序号	编号	新会计准则使用科目	原会计制度使用科目	核算内容
130	6061	汇兑损益	※	企业（金融）发生的外币交易因汇率变动而产生的汇兑损益
131	6101	公允价值变动损益	※	企业交易性金融资产、交易性金融负债，以及采用公允价值模式计量的投资性房地产、衍生工具、套期保值业务等公允价值变动形成的应计入当期损益的利得或损失
132	6111	投资收益	投资收益	企业确认的投资收益或投资损失
133	6201	摊回保险责任准备金	※	企业（再保险分出人）从事再保险业务应向再保险接受人摊回的保险责任准备金
134	6202	摊回赔付支出	※	企业（再保险分人）向再保险接受人摊回的赔付成本
135	6203	摊回分保费用	※	企业（再保险分人）向再保险接受人摊回的分保费用
136	6301	营业外收入	营业外收入	企业发生的各项营业外收入
137	6401	主营业务成本	主营业务成本	企业确认销售商品、提供劳务等主营业务收入时应结转的成本
138	6402	其他业务成本	其他业务支出	企业确认的除主营业务活动以外的其他经营活动所发生的支出
139	6403	营业税金及附加	主营业务税金及附加	企业经营活动发生的营业税、消费税、城市维护建设税、资源税和教育费附加等相关税费
140	6411	利息支出	※	企业（金融）发生的利息支出
141	6421	手续费及佣金支出	※	企业（金融）发生的与其经营活动相关的各项手续费、佣金等支出
142	6501	提取未到期责任准备金	※	企业（保险）提取的非寿险原保险合同未到期责任准备金和再保险合同分保未到期责任准备金
143	6502	提取保险责任准备金	※	企业（保险）提取的原保险合同保险责任准备金
144	6511	赔付支出	※	企业（保险）支付的原保险合同赔付款项和再保险合同赔付款项
145	6521	保单红利支出	※	企业（保险）按原保险合同约定支付给投保人的红利
146	6531	退保金	※	企业（保险）寿险原保险合同提前解除时按照约定应当退还投保人的保单现金价值
147	6541	分出保费	※	企业（再保险分出人）向再保险接受人分出的保费
148	6542	分保费用	※	企业（再保险接受人）向再保险分出人支付的分保费用

续表

顺序号	编号	新会计准则使用科目	原会计制度使用科目	核算内容
149	6601	销售费用	营业费用	企业销售商品和材料、提供劳务的过程中发生的各种费用
150	6602	管理费用	管理费用	企业为组织和管理企业生产经营所发生的管理费用
151	6603	财务费用	财务费用	企业为筹集生产经营所需资金等而发生的筹资费用
152	6604	勘探费用	※	企业（石油天然气开采）在油气勘探过程中发生的地质调查、物理化学勘探各项支出和非成功探井等支出
153	6701	资产减值损失	※	企业计提各项资产减值准备所形成的损失
154	6711	营业外支出	营业外支出	企业发生的各项营业外支出
155	6801	所得税费用	所得税	企业确认的应从当期利润总额中扣除的所得税费用
156	6901	以前年度损益调整	以前年度损益调整	企业本年度发生的调整以前年度损益的事项以及本年度发现的重要前期差错更正涉及调整以前年度损益的事项
说明	①本表列示新旧企业会计准则的会计核算科目对照情况仅供参考；②各科目的确认、计量、报告及披露要求参见新企业会计准则；③附注：※为新科目与旧科目无对应的科目			